《世界哲學家叢書》總序

　　本叢書的出版計劃原先出於三民書局董事長劉振強先生多年來的構想，曾先向政通提出，並希望我們兩人共同負責主編工作。一九八四年二月底，偉勳應邀訪問香港中文大學哲學系，三月中旬順道來臺，即與政通拜訪劉先生，在三民書局二樓辦公室商談有關叢書出版的初步計劃。我們十分贊同劉先生的構想，認為此套叢書（預計百冊以上）如能順利完成，當是學術文化出版事業的一大創舉與突破，也就當場答應劉先生的誠懇邀請，共同擔任叢書主編。兩人私下也為叢書的計劃討論多次，擬定了「撰稿細則」，以求各書可循的統一規格，尤其在內容上特別要求各書必須包括 (1) 原哲學思想家的生平；(2) 時代背景與社會環境；(3) 思想傳承與改造；(4) 思想特徵及其獨創性；(5) 歷史地位；(6) 對後世的影響（包括歷代對他的評價），以及(7) 思想的現代意義。

　　作為叢書主編，我們都了解到，以目前極有限的財源、人力與時間，要去完成多達三、四百冊的大規模而齊全的叢書，根本是不可能的事。光就人力一點來說，少數教授學者由於個人的某些困難（如筆債太多之類），不克參加；因此我們曾對較有餘力的簽約作者，暗示過繼續邀請他們多撰一兩本書的可能性。遺憾

的是，此刻在政治上整個中國仍然處於「一分為二」的艱苦狀態，加上馬列教條的種種限制，我們不可能邀請大陸學者參與撰寫工作。不過到目前為此，我們已經獲得八十位以上海內外的學者精英全力支持，包括臺灣、香港、新加坡、澳洲、美國、西德與加拿大七個地區；難得的是，更包括了日本與大韓民國好多位名流學者加入叢書作者的陣容，增加不少叢書的國際光彩。韓國的國際退溪學會也在定期月刊《退溪學界消息》鄭重推薦叢書兩次，我們藉此機會表示謝意。

原則上，本叢書應該包括古今中外所有著名的哲學思想家，但是除了財源問題之外也有人才不足的實際困難。就西方哲學來說，一大半作者的專長與興趣都集中在現代哲學部門，反映著我們在近代哲學的專門人才不太充足。再就東方哲學而言，印度哲學部門很難找到適當的專家與作者；至於貫穿整個亞洲思想文化的佛教部門，在中、韓兩國的佛教思想家方面雖有十位左右的作者參加，日本佛教與印度佛教方面卻仍近乎空白。人才與作者最多的是在儒家思想家這個部門，包括中、韓、日三國的儒學發展在內，最能令人滿意。總之，我們尋找叢書作者所遭遇到的這些困難，對於我們有一學術研究的重要啟示（或不如說是警號）：我們在印度思想、日本佛教以及西方哲學方面至今仍無高度的研究成果，我們必須早日設法彌補這些方面的人才缺失，以便提高我們的學術水平。相比之下，鄰邦日本一百多年來已造就了東西方哲學幾乎每一部門的專家學者，足資借鏡，有待我們迎頭趕上。

以儒、道、佛三家為主的中國哲學，可以說是傳統中國思想與文化的本有根基，有待我們經過一番批判的繼承與創造的發

展，重新提高它在世界哲學應有的地位。為了解決此一時代課題，我們實有必要重新比較中國哲學與（包括西方與日、韓、印等東方國家在內的）外國哲學的優劣長短，從中設法開闢一條合乎未來中國所需求的哲學理路。我們衷心盼望，本叢書將有助於讀者對此時代課題的深切關注與反思，且有助於中外哲學之間更進一步的交流與會通。

最後，我們應該強調，中國目前雖仍處於「一分為二」的政治局面，但是海峽兩岸的每一知識份子都應具有「文化中國」的共識共認，為了祖國傳統思想與文化的繼往開來承擔一份責任，這也是我們主編《世界哲學家叢書》的一大旨趣。

傅偉勳　韋政通
一九八六年五月四日

自　序

　　中國文化之「西方化」，似乎已成了不可逆轉的歷史潮流。

　　無論是激進黨還是保守黨；「西化派」還是「國粹派」；大陸還是臺灣；無論是將自己的理想目標稱之爲「現代化」還是「民主化」；「社會主義」還是「資本主義」……反正，改造中國或振興中華的參照系，最後都將落實在西方。

　　我不清楚對於這種「歷史潮流」究竟該取什麼樣的態度或立場，我只是在擱筆之餘有一種感覺——在如此情勢下寫作《史賓格勒》，實在是有些「好玩」。如今，中國人習慣於稱西方的現狀爲「現代化」，而本書的主人翁史賓格勒，在差不多一個世紀前便斷言，西方正在「沒落」或「走向死亡」。這種觀念上的背謬和反差，是否很深地包含着值得人們反省的問題呢？

　　從理性的角度而論，我並不反對中國之西方化（如果這是可能的話）。因爲從現實生活的表象觀之，西方的科技文明、民主政治和自由經濟等等，確實要比中國傳統的農業文明、專制統治和自然經濟要來得「進步」或「優越」一些。但是在骨子裏，也許是受史賓格勒的情緒感染，我常會對這種「西方化」的進程和前景，懷有某種深層的擔憂與疑慮——

　　中國文化經過數千年的生成、危亡和持存，早已形成了自身

穩固和有效的社會組織系統，意識形態與社會心理結構。只是由於鴉片戰爭的失敗，才被西方人強制性地打開了長期自我封閉的大門，而被迫地走上了文化變革或「西方化」的道路。我始終懷疑，這種強迫性而非自覺的謀求變革之心理狀態，究竟能在多大程度上接受西方文明？

我們很樂意接受西方的科學技術、市場經濟、物質產品和民主政治等等，卻又總是不願意相信，這些文化成果正是來自於西方文化心靈的創造，是他人文化精神整體發展的結果。那些滲透在西方文化產品內部的觀念——自由、平等、競爭、個性等等，以及整個宗教的、哲學的、科學的、藝術的和道德的精神，中國人也能同樣地接受嗎？如果像大部分中國人（尤其是性情保守的那些人）所主張的，只能接受西方的「物質文明」而非「精神文明」，我們又何以能夠真正達到西方化，取得與西方文明同樣輝煌的文化成就？

或者，假設我們真的願意「全盤西化」，那麼問題是，我們是否擁有足夠的力量，用以承受西方文化在其「進步」過程中所經歷的深度壓迫和痛苦？在耀眼的金錢、繁華的市場和奢侈的享受背面，存在著諸如自我的離散、道德或價值的危機、情感的枯竭，乃至吸毒、同性戀、自殺、精神變態等等現象。有多少獲得，就有多少失落，這是人類生活的「生態平衡」規律。我們樂於獲得，可是否經得起失落，以及由失落而來的巨大疼痛呢？人們也許會期望中國明天就變成美國，但是可曾料想，如果中國成了美國，又有多少中國人能真正像個人那樣生存其中？……

況且西方乃至整個世界都在經歷著自身難以消解的危機和難以擺脫的困境，他們也在迷茫和困惑中，探索著未來的前途。

「西方的沒落」，這究竟是史賓格勒的胡言亂語，還是現實徵象所表露的真實的人類命運？在這茫然若失的世紀之交，他們又重新思考起這個問題。

那麼中國呢，難道我們集百年幾代人之努力所追趕或追求的，卻是「西方的沒落」？如果不是，如果我們更願意走一條自身獨立的文化發展之路，那麼，路又何在……

我不知道，什麼時候我們才能真正解答這些難題。但是我相信，這些難題將會與中國文化的命運緊密相關。而解答這些問題的關鍵，則在於對自身文化乃至整個人類文化的本質，以及諸如人、歷史、生命、精神和創造這些現象與範疇，有一個理性或自覺的把握——歷史哲學本質上就是這樣一種「把握」。

這也是我把史賓格勒介紹給讀者的用意所在。當然，史賓格勒並沒有最終解答所有的文化難題，但是他畢竟建立了一套觀察和思考人類文化及其歷史的獨特方法與觀點，而且正如本書最後將指出的那樣，史賓格勒及其《西方的沒落》雖距今已數十年之遙，然而他對西方文化許多現象的批評和憂慮，至今仍然為現代哲學家或思想家們所批評和憂慮着，而且隨着時間的推移，問題甚至更加嚴重了。所以，閱讀和了解史賓格勒及其文化歷史哲學，不僅能幫助我們了解西方哲學史的具體過程，更重要的是他能幫助我們通過對人類文化歷史和其他各文化個案的比較研究，更全面、更深刻地反省中國文化的狀態和西方文化的現實，並思考自身文化未來或前途的各種可能性。除此以外，讀者也許還會體認到，史賓格勒的觀點和論述，實在是很有趣、很刺激，也很有啟發性的。

商 戈 令　1990年9月1日

於美國弗吉尼亞州，諾福克市，

Old Dominion University

史 賓 格 勒

目 次

第一章　史賓格勒與危機中崛起的歷史哲學

1880 年 5 月 29 日，在德國北部哈次山區一個名叫白朗肯堡 (Blankenburg) 城的小鎮裏，奧斯瓦爾德·史賓格勒 (Oswald Spengler) 出生了❶。

史賓格勒生長於一個中等水平的小康之家。祖上好幾代都是從事採礦業的，也許是由於礦物資源的日趨貧竭，父親伯恩哈特 (Bernhard Spengler) 放棄祖業當上了德意志帝國郵政的小小職員。母親寶琳娜 (Pauline Spengler)來自於一個舞蹈藝術之家。寶琳娜的父母均為芭蕾舞蹈家，並在柏林擔任芭蕾舞教師。她的一個姊姊曾經在巴黎和莫斯科的芭蕾舞界相當走紅。這位紅舞星臨死還給寶琳娜留下了十二萬馬克的遺產。

史賓格勒的家庭生活並不幸福。父母親貌合神離，並無愛情可言。伯恩哈特成天熱衷於在政府中的地位。寶琳娜則因身材矮胖未能成為芭蕾舞演員而抱恨終身，她將大部分的時間花費在繪畫與音樂上作為補償，而不是去做一個賢妻良母。史賓格勒是最大的孩子，以下是三個妹妹。其中大妹妹阿黛莉 (Adele) 與史

---

❶　有關史賓格勒生平資料，皆參照 H. Staurt Hughes *Oswald Spengler; A Critical Estimate* 和 John F. Fennelly, *Twilight of the Evening Lands* 二書。

賓格勒最爲親近，她具有非同凡響的音樂與繪畫天才。但不幸的
是，她患有精神失常之症，並於1917年自殺身死。

　　來自父系的採礦勘探精神，及來自母系的藝術靈性，無疑對
造就史賓格勒的人格類型與哲學氣質具有不可忽視的遺傳作用。
但是在我看來，陰鬱的家庭氣氛及疏離的父母情感，對於史賓格
勒的整個精神發育過程及往後的哲學創作生涯，將產生更爲直接
與更大程度的影響。

　　史賓格勒自小體弱多病，尤其是偏頭痛症有如陰影伴隨著他
的整個人生。另一方面，他對幾乎所有事物都懷有強烈的內在焦
慮和渴求。他常做白日夢，其中最常出現的幻覺是統率德國軍隊
征服全世界。

　　由於父親是郵政官員，搬家是常有的事。1890年，舉家遷入
哈雷市 (City of Halle)，這次搬遷據說標誌著家庭經濟狀況的
明顯改善。

　　在這個 德國東部的大學城裏， 孩子們接 受了良好 的中等教
育。史賓格勒在此獲得了拉丁文、希臘文及數學等他熱所愛的專
業方面的基本訓練。在中學時代，史賓格勒還喜好詩歌與戲劇，並
時常嘗試着去寫它們。這種對於詩歌、戲劇和音樂的強烈愛好，
深刻地造就了史賓格勒在寫作哲學和歷史觀察方面的獨特風格。
與此同時 史賓格勒開始閱讀歌德(Goethe)和尼采(Nietzsche)，
並顯示了對他倆的極度尊崇。從這兩位思想和藝術大師那裏，史
賓格勒承襲了寶貴的哲學和藝術靈感。尤其是尼采那些充滿詩意
和批判精神的哲學文稿，對史賓 格勒日後的哲學 及寫作影 響 甚
深，也許這種影響還包括對於基督教與教會的嫌惡之情。

　　生性孤僻、體質屛弱的史賓格勒總顯得與其他孩子難以相

處。除了他的妹妹，他對異性尤其持排斥態度，乃至於最後終身不娶。這些早期人格特徵已經充分表明，史賓格勒終將選擇那條孤獨、艱深及僧侶般的學者之路。

1899年，史賓格勒高中畢業，1901年，父親逝世。從此一家靠姨媽留給母親的那筆遺產維持生活。父親死後不久，母親便搬回老家白朗肯堡，直至1910年逝世。

就在父親逝世的那年秋天，史賓格勒開始了他的大學生涯。按照當時德國的習慣，史賓格勒必須分別在兩至三所大學裏就學，於是他幾乎每年換一所大學：第一年在慕尼黑大學，第二年在柏林大學，第三年在哈雷大學。在這三年裏，他繼續攻讀希臘羅馬史、數學及物理學，同時還兼學音樂與戲劇。

第三年在哈雷大學，史賓格勒完成了以赫拉克利特爲題的博士論文。赫拉克利特 (Herakleitos 約公元前 540 —— 約公元前 480-470 之間) 爲古希臘早期哲學家。主張宇宙的本質即永恒的流動與不停地變幻，認爲火是萬物的本源。世界是一團永不熄滅的火焰，人類生活是一場永不停息的對立與抗爭，乃至於「戰爭是萬物之父」。赫拉克利特亦被稱爲「傷感哲學家」，他的貴族身份使他一度被得勢的民主派驅逐出雅典城而流亡異鄉。由此可見，史賓格勒選擇赫拉克利特來做文章是合情合理的，因爲這位古賢的經歷與哲理，實在引起了年輕後生太多的共鳴。

但是這一年他未能通過考試而取得學位，原因是他錯引了不少材料（這個毛病他始終未能克服）。1900年春天他通過了第二次考試，獲博士學位，並以論文「高等動物視覺器官的進化」取得了高中教師的資格。又經過兩年的教學實習之後，史賓格勒正式開始了教學生涯。1908年，他在漢堡一高中教授數學、物理

學、歷史與德國文學。

史賓格勒無疑是一個稱職和優秀的教師。他那充滿靈感的思路及高貴的人格力量，頗受學生的愛戴與尊重。不幸的是漢堡的寒冷氣候使他那孱弱體質難以適應。那些年裏，頻繁的偏頭痛時常折磨着他，有時候還會因此引起暫時健忘症，他會突然忘記自己在何處，甚至忘記自己的名字。

1910年母親逝世，史賓格勒繼承了一筆小小的遺產。一年之後，他結束了教學生涯而嘗試着開始寫作。爲避開寒冷氣候，他離開漢堡來到南部的慕尼黑。他在慕尼黑附近就居，並在那個地區渡過了後半生。

當時他並不清楚自己究竟將寫些什麼。起初他嘗試着寫詩歌、戲劇和小說，無甚成果。很快他將興趣轉移到了政治和歷史領域。他曾計畫寫一本有關當時歐洲所發生各種國際性事件的政治論集，借以陳述其對於這些事件的政治觀點和主張。但是他不久又放棄了這一計畫，因爲在他仔細觀察了當時歐洲各國列強互相爭鬪、志在擴張的局面後，突然萌發了一種直覺，他強烈並執着地感覺到，整個歐洲所經歷的不是暫時的或偶然的危機，而是文化發展週期性地或必然地由強盛走向衰亡的開始。他認爲，列強之間的全球性衝突及戰爭，正是歐洲文化開始走向沒落的標誌。

由此他立即着手寫作新著，最先題爲「保守與自由」。隨着研究及思考的深入，著作的範圍與縱深也不斷地擴展着，最後成了一項巨大的文化歷史哲學工程：對八大文化及其誕生、成長、衰敗乃至死亡的過程作比較研究；同時通過對十九至二十世紀歐洲現狀的分析以證明和預言西方文化行將衰亡的必然趨勢。就在

第一次世界大戰爆發的同時，這本就著整理定型並完成了第一稿。

　　這本新著就是即將震驚歐洲並風靡世界的《西方的沒落》。但是當時並沒有人知曉史賓格勒及其新著，因為由完成初稿至發表問世尚有一段遙遠而艱難的歷程。

　　史賓格勒在大戰期間的生活實可謂含辛茹苦。母親的遺產被征用於對外防務事項，大戰爆發之後，這筆收入便隨之消失了。史賓格勒被迫生活在貧困拮据的境況中，沒錢燒暖氣，甚至連飯也吃不飽。惟有一支搖曳的燭光，陪伴着他默默地雕琢那本未來的名著。偏頭痛仍不時地折磨着他。他曾兩次被召參軍，皆因健康不佳被退了回來。在如此惡劣的環境下，史賓格勒的健康狀況——尤其是心臟和視力——受到了嚴重的損害。西方的沒落首先在他自己身上得到了驗證。

　　寫作沒有中斷，但卻是在與世隔絕的狀態下進行的。沒有專業歷史學家的功底，沒有名師指點，沒有學界的交流，亦沒有朋友的商榷……惟有那支搖曳的燭光。如此境況，不能不使史賓格勒的讀者，對於作者史料運用乃至思維邏輯方面的錯誤與混亂，報以某種程度的諒解。

　　大約於1917年底或1918年初《西方的沒落》第一卷全部完稿。幾經失敗之後，著作最終於維也納發表。不久，《西方的沒落》便受到公眾的注目和歡迎。到了1919年，從前名不見經傳的史賓格勒及其著作，幾乎成了德語國家四處流行的熱門話題。當1922年《西方的沒落》第二卷問世時，上卷已售出了十萬册。對於一本艱深的哲學著作，能在短期內便獲如此銷路，實在是太異乎尋常了。

也許是史賓格勒對於西方文化遍臨危機乃至趨於沒落狀況的
預感與預言，恰好投合了當時德國人的悲觀心理。1918年，德國
軍隊全面崩潰， 隨後 1923 年的通貨膨脹又使得 國內秩序空前混
亂。同樣，大戰後的歐洲也面臨著經濟、政治、外交和意識型態
等各方面的危機。在這種時代背景下，普通的大眾心理當然更傾
向於相信，德國頹敗了，歐洲頹敗了，人類將何去何從……便讀
《西方的沒落》，或尋解答，或寄悲憂。

正當史賓格勒廣受大眾歡迎之際，《西方的沒落》卻遭到了
來自學術界的激烈批評。歷史學家、考古學家、文藝批評家、神
學家等等幾乎所有專家學者，都對史賓格勒持否定的態度。作為
回應， 史賓格勒於 1922 年出版了曾加以修 改與潤飾的上卷第二
版，並於稍後發表了《西方的沒落》下卷。此舉稍稍挽回了一些
作者在學界的聲譽。

1924年以後，人們對史賓格勒的熱情漸漸降低了。一方面是
由於大眾的理論興趣原本就是不會持久的。另一方面，由於德國
經濟重又回昇，貨幣趨於穩定，人們立即忘記了剛剛渡過的嚴冬
的寒冷，重又陶醉在春天的陽光與繁榮的景象之中。人們不再需
要哲人的憂患以診治人生的晦暗了。他們總是現實的。

自從史賓格勒以其著述享譽於世，他的經濟狀況大為改觀。
他搬進了一個寬暢舒適的公寓，並接來守寡的妹妹及其女兒一起
同住，與他作伴及幫助料理家務。現在他亦能夠去他所想去的國
家與地區旅行了。他在國內四出演講。多次訪問他所喜愛的意大
利，還去了西班牙、立陶宛、拉脫維亞及芬蘭等地。他還想去蘇
聯，但因拿不到簽證而未能如願。

　　　　※　　　　※　　　　※　　　　※　　　　※

　　史賓格勒開始涉足政界。

　　第一次世界大戰結束後的五年裏，德國政局始終處於一片混亂之中。布爾什維克們不斷在城市策動暴亂；希特勒領導的納粹黨人在另一極端推行其法西斯主義；法國與比利時軍隊對魯爾河地區的軍事占領；再加上災難性的通貨膨脹令無數人破產的經濟困境。也許，史賓格勒希望通過參預政治，來幫助他的祖國與人民擺脫困境，渡過危機。這種想法雖說幼稚可笑，卻也實在難能可貴。

　　作為當代出名的哲學家與預言家，史賓格勒也想在政界中扮演重要角色。他也確實擁有自己的政治主張。他的政治傾向是極端保守派的，他對民主政治——尤其是在當時的魏瑪共和國中實行民主政治——不抱任何信心。按照他的歷史哲學，他堅持認為歐洲文化已經進入了文化發展的最高或最後階段，即專制的或凱撒主義（Caesarism）的時代，所以欲使德國重建霸主地位於列強，惟有通過某非凡獨裁者的專制統治方能奏效。這種觀念在當時十分普遍，特別對於那些工業巨頭、軍事首領及知識分子而言，他們早已習慣於服從國家與秩序，故爾對現實中混亂而無秩序的社會狀態深惡痛絕。

　　但是史賓格勒拒絕加入納粹黨。事實上，納粹黨人確曾企圖擡出史賓格勒與尼采作為其精神先驅。而且比較之下，史賓格勒更受納粹青睞，因為尼采曾對德國民眾及其民族主義精神表示過強烈的厭惡和不滿，而史賓格勒的哲學卻與希特勒的思想有更多的共同點。納粹黨人曾數次敦請史賓格勒加入並負責宣傳系統的領導工作，卻屢遭拒絕。史賓格勒並不喜歡納粹黨人及其所作所

爲。希特勒那種瘋狂的反猶太主義，他的隨從們殘忍的暴力行爲以及法西斯運動所表現的種種庸俗精神，均引起史賓格勒的極大反感。至於希特勒，史賓格勒曾這樣表示，德國所需要的是一個英雄，而絕不是像他那樣的「英雄男高音」。

1919年發表的《普魯士精神與社會主義》是史賓格勒的第一篇政治論著。他主張德國應成爲一個團體社會，所有不同的經濟因素應該統一起來，並置於一個有力且又仁慈的獨裁者的領導之下。史賓格勒將英國的自由理想與德國的進行了比較：英國式自由實際上就是要求取消國家監督管理而自由地賺錢；而德國的自由觀念則要求限制個人的經濟自由而謀整體的利益，但不排除給予個人憑自身能力而晉昇社會等級或地位的自由。後者亦卽作者所主張的「普魯士社會主義」。

此書似乎沒有引起什麼反響。因爲其中並無多少創見。就像有些批評者所指出的那樣，書中的大部分觀點不過是在重覆帕雷托 (Pareto Vilfredo, 1848-1923) 等社會哲學家們早已提出過的思想罷了。

接下來他四出演說與講課，兜售其政治主張，但發表成文的基本沒有。史賓格勒還參加了一個由德國企業家組成的團體，與他們一起討論如何找到一個合適的人選，來領導推翻魏瑪共和國並成爲統治者。他們最終選了一個將軍，結果由於將軍拒絕加入黨派而告吹。史賓格勒開始相信輿論在現代社會中的威攝力量，他在這場鬧劇中所扮演的角色便是爭取德國輿論界的最大程度的支持。

※　　　　※　　　　※　　　　※　　　　※

1925年，史賓格勒開始退出政治舞臺。也許他終於發現政治

生涯遠非自己的命運所歸。他重又回到了形而上學和歷史領域之中。

在《西方的沒落》下卷序言中，史賓格勒曾聲稱要寫一本形而上學的專著。從他的談話、通信中可以看到，他後來確實十分重視形而上學的研究，雖然他沒有能夠完成什麼專著。在他死後，他的研究被整理出版，取名爲《基本問題》(*Urfragen*)。此書爲格言警句式文體。第一部分〈火焰〉(The Flame) 可說是一些毫無內在聯繫的、半神秘主義的斷想的匯集。最後部分〈人與宿命〉(Man and Fate)幾乎是重覆那些《西方的沒落》中的原理。中間部分的那些章節主要記述了他那與「前歷史研究」相混雜的形而上學觀點。人們也許會不無理由地說，如果史賓格勒沒有去世的話，他一定不會同意發表此書的。

在相同的階段裏，史賓格勒的歷史研究興趣主要集中在前歷史階段，亦卽文化產生之前的階段。這種興趣源於人類學的發展。人類學的研究成果使他認識到，他在《西方的沒落》中的論斷──原始人不擁有歷史，文化一經死亡，人類又將回覆到沒有歷史的狀態──不夠確切。原始人也有自己的歷史，而且這段歷史對於現代人學習歷史相當重要。這項研究於 1952 年由作者的外甥女編輯出版，題名《世界歷史之前級階段》(*Frühzeit der Wetgeschichte*)。此書雖說組織得不錯，但仍不見有甚了不起的價值。一方面由於他畢竟旣非人類學家亦非古生物學家，無法眞正承擔這項研究課題；另一方面則由於他已經固執於「文化發展四階段」的教條，故爾很難突破自己而有新的創造。

史賓格勒倒是在生前出版過一本涉及前歷史研究的論著《人與技術》(*Mensch und Technik*)。此書很大程度上爲《西方的

沒落》下卷〈機器〉一章的擴展。他只是將技術的發展上溯到早期人類階段，告訴讀者原始初民主要將技術運用於武器方面；然後再將其推演到未來，他預言有色人種在熟習和掌握了西方的先進技術之後，將運用這些技術以摧毀原本占據優勢的白色人種。

1933年，史賓格勒出版了另一部著作《決定性的時刻》(*Die Jahr der Entscheitung*)。雖然書中所論較多時勢政治問題，但卻是以哲學的立場加以分析和論述的，而且旨在進一步闡釋《西方的沒落》的基本精神，所以此書並非作者晚年重起參政欲念的標誌，而應視爲一個哲學家正常哲學思考的產物。

史賓格勒預言，第二次世界大戰即將爆發。在這「決定性的時刻」裏，德國正處於一個十分危險的境況。

但是此書的主題卻在〈白色人世界的革命〉與〈有色人世界的革命〉兩個章節之中。作者指出，由於西方世界中勞工組織力量與權限的增長；乃至不得不人爲地或政治性增加工人的工資，使得許多企業家、資本家不得不將工廠建在落後國家裏，以求獲益於廉價的勞動力。這卽是所謂發生在「白色人世界」的歷史變異。

由於先進工業技術的輸入，「有色人世界」（包括俄國在內）便同時發生了「革命」。白人世界因此便陷入了內部階級鬥爭與外部民族戰爭的雙重危機，在史賓格勒看來，一旦這雙重危機同時爆發，西方文明就將覆滅。要想避免覆滅的危險，唯一的途徑便是在白人世界裏弘揚團結、紀律和自足的精神，使西方民族重新振作並強大起來。

《決定性的時刻》的出版，亦標誌著作者與法西斯主義的徹底決裂。雖然他並未提到過希特勒的名字，但字裏行間隱含著對

希特勒及其隨從們以蔑視與拒斥。唯有一次直接提到了納粹黨：「國家社會主義黨人相信，他們能夠無視或敵視整個世界，而在世界各國普遍反對的情勢下，建造自己的空中樓閣」❷。

　　不過非直接的類似攻擊卻很多，如果你仔細閱讀的話。在書即將結束時他這樣說：「三十年代的法西斯主義即將爲一種新的什麼主義所替代，就連如今盛行的民族主義亦將同時消失。唯一能夠留存的將是戰鬥的普魯士精神——不僅在德國，而且將遍及整個世界」❸。

　　因爲納粹黨人的疏忽，《決定性的時刻》得以出版並很快就發行了十萬册。直到納粹黨人意識到此書將會對法西斯運動發生十分不良的影響，《決定性的時刻》才終於被禁止發行，而且從此以後，全德國的所有新聞媒介都被禁止提到史賓格勒的名字。我想，這也許要算史賓格勒晚年所獲最高的榮譽了。

　　1936年5月14日，奧斯瓦爾德·史賓格勒因心臟病突發溘然逝世。這位哲學家終於渡完了孤獨的一生，享年五十六歲。

　　如同大部分哲學家一樣，史賓格勒亦屬於他那個特定的時代，他的哲學亦可說是那個時代精神現象的特異產品之一。

※　　　※　　　※　　　※　　　※

　　十九世紀末二十世紀初，整個世界進入了一個紛亂雜陳、無可名狀的歷史階段。危機與興盛，戰爭與和平，野蠻與文明，夢想與幻滅……糾纏著交織成一幅近於荒誕的世界景觀。

　　工業與技術的高速發展，神迹般地提高了人類物質生產的水準和能力，乃至於人們不能不相信，人類最終控制自然的夢想正

---

❷　史賓格勒，《決定性的時刻》(*The Hour of Decision*), Knopf, New York (1934), p. 7.
❸　同上，頁 230。

在變成事實。然而人們也越來越感覺到，就在人類逐漸成爲自然主人的同時，人類亦日趨淪爲自然產品及自身關係的奴隸。

人創造了機器，成百倍地提高了生產效率，而人也隨之由生產的主體變成了機器的附庸。簡單操作替代了複雜繁重的勞動，機器成了整個生產過程的主宰或決定力量。一方面，機器生產使得人的職能大大地簡單化了。隨著機器有節奏的運轉，除了不斷加快那些枯燥而單調的動作外，生產者再不能享有創造的樂趣與美感。人不過是機器的一部分罷了。另一方面，機器生產使勞動力的需求大大地降低了，無數工人流落街頭，組成了數以萬計的失業大軍。機器排斥著人。除了極少數擁有和設計機器的人之外，人普遍地變得片面、畸型和無足輕重了。

大工業生產創造著總量空前的經濟資本和物質財富，但也帶來了頻繁的經濟危機與相對的生活貧困。自由競爭導致了壟斷資本，多少人在此過程中破產倒閉，由此而使經濟貧困的人數急劇增長。這種增長又使得生產過剩和經濟危機的週期性更趨頻繁。與資本和財富的高速增長相對映，人普遍地變得貧窮，變得一無所有了。

於是便起了革命的意念，共產主義、無政府主義、工團主義等等各式主義風起雲湧。被設想爲「平等、自由、博愛」的理想王國，在現實中早已爲資本運行的陰冷與殘忍所粉碎。階級衝突日益尖銳，工潮、騷亂、暴動再加上各黨派之間的權力之爭，構成了工業世界普遍的政治危機。這種危機最終導致了共產革命的成功以及法西斯主義的一度橫行。在工業生產組織化程度日益提高的同時，社會組織與政治秩序卻正在走向混亂與瓦解。

爲了擴大商品市場，賺取更多的利潤；也爲了轉嫁各種內在

的危機，開發國際市場和殖民地成了工業強國的迫切願望。他們
利用在資本和技術上的優勢，並通常是在大炮、軍艦等現代化武
器的脅迫下，使落後的國家和民族淪爲自己的附庸國或殖民地。
於是，一場爭奪殖民地及世界霸權的戰爭在西方列強之間展開了。
再加上各殖民地人民反抗宗主國奴役和掠奪的鬥爭也愈演愈烈，
世界性的民族衝突和危機發展到了空前激烈的程度。戰爭的陰影
籠罩著整個世界。

　　利潤、市場、資本，或一個字：「錢」，終於成了這個世界
的本源、動力和最高目的，亦成了人類社會組織和社會關係的唯
一媒介和紐帶。人不過是人格化了的資本、貨幣、商品和機器而
已。自由、美感、尊嚴、道德、正義這些原本屬人的特質，如今
則成了像衛生紙一樣需用金錢購買的東西。人徹底喪失了自我，
而消散於金錢和物質的世界中。

　　人成了渾渾噩噩於金錢、戰爭、欺詐和掠奪等社會活動裏的
一具軀殼與一團焦慮。人類在創造了水平空前的科學技術和物質
財富的同時，第一次如此深刻地嚐到了自我異化、消散乃至毀滅
的痛楚。

　　我是誰？我是什麼？我從哪裏來，將要去哪裏？這些人類孩
提時代的問題，重新被提了出來，並成爲危機時代人類心靈追尋
自身本質的基本問題。在這全新的時代裏，對於人類本質的傳統
界說——無論是哲學的、科學的或者神學的——都顯然地不合時
宜。人們開始尋求對於自我、社會、自然和世界的重新解釋、
重新估價和重新建構。

　　在這危機時代的地平線上，作爲這種尋求的結果，各種哲學
學說競相出現。它們都試圖由某種特殊的視角——實踐的（馬克

思）、意志的（叔本華、尼采）、科學的（孔德）、生命的（柏格森）、價值的（文德爾班）等等——來解釋人類生活及其本質。雖然這些學說具有著互不相同甚或互相對立的理論界說，但是作爲同一時代的哲學，它們至少具有一個共同的特徵：卽對於歷史的高度關懷與重視。這一哲學特徵表明了，人們已開始認識到，惟有對於自己的過去與可能的未來進行正確的認識與估量，亦卽通過歷史的概觀和審度，才有可能找到屬於自己的眞實的今天（現代）。

歷史作爲一種主體意識，由此變得清晰起來，由此而實現爲主體意識。歷史作爲人類本質的時間維度以及人類經驗的載體，終於受到了哲學的本體論關照，並進而成爲一種形而上學。現代的歷史哲學也隨之誕生了。

傳統哲學也談論歷史，但是那裏的人類歷史是被當作某種終極實體自在運行的特例來對待的。歷史或者被視爲外在地被決定的自然流程和因果系列；或者被看作事件和故事的記錄與堆砌。在傳統哲學的視界裏，人或個人的無足輕重正是與歷史的無足輕重緊密相關的。

以柏拉圖（Plato, 公元前427-347）和亞里士多德（Aristotle, 公元前 384-322）爲代表的古典哲學，追索的是絕對的存在（Being）。這種存在被設想爲外在於人類生活和經驗世界的、超驗和完滿的形式（Form）。惟有這種存在或形式，才是眞實的或實在的。相對而論，人類生活其中並且能夠感覺經驗的現象世界，則是不完滿、不眞實的；或者較不完滿、較不眞實的。一切具體的、可感覺的、距象的、活動或生成的事物，都不過是這種存在或形式的某些外在表現或顯露而已。所以，存在或形式是所

有現象——包括人類生活在內——得以存在並且具有現實性的決定性本原。哲學的任務，就在於通過理性的反思或辯證，達到對於存在或形式的認識，並依此而建立一種合乎存在本質的生活法則和社會秩序。人類本質和社會生活是由某種絕對的存在——理念、上帝、物質、邏各斯 (Logos) 或其它什麼——外在地規定和賦予的，而且一旦被規定，就將永遠不再變化，因為存在的本質是完滿的和永恆不變的。因此，這種以「存在論」為特徵的古代西方哲學，就其本質而言必然是非歷史的。

中世紀的歐洲哲學，基本上就是古希臘哲學傳統神學化的產物。存在或形式的完滿性轉譯成了上帝無所不在、無所不能的完滿性。存在的追尋置換成了上帝存在的證明。上帝創造了宇宙大地，創造了人及其命運——在塵世滌淨靈魂、洗清原罪而入天堂。上帝也創造了歷史，通過歷史向其造物宣示神靈的威力和奇迹，由此而啟迪人類心智獲得真正的信仰，並在苦難的磨礪中昇遷為上帝的忠誠選民。上帝作為絕對、完美和永恆，本身是非歷史的。上帝之城或彼岸世界也是非歷史的。歷史只是於人類觸犯神律被逐下煉獄而開始的，歷史也將於人類重返天堂而告終。在神學的意義上，歷史是凡俗的、骯髒的或充滿罪惡的塵世的特徵。歷史是考驗、磨難和修煉，亦即人在痛苦中贖罪解脫的過程。因此歷史也是虛假的，歷史僅僅是人類靈魂獲得非歷史本質的橋樑和方式。在這種背景下，歷史是絕無可能進入哲學的。

自近代社會之後，隨著實驗和實證科學的產生與發展，哲學也轉換了自己的主題，由「存在論」轉而探討「知識論」。「世界的本質（或存在）是什麼」的問題，此時變成了「人何以知道世界的本質」的問題。世界或存在的本質必須依據知識的確定性

及認知的合理過程才有可能被揭示。所以哲學的任務，首先在於
研究知識的本質、知識的眞理性、認知的方法與過程等問題。這
才有了經驗論與理性論哲學的長達數百年的對峙和論爭。世界或
存在的本質開始被放到與人類經驗或者理性的關係中來考察了。
主體的性質逐漸取得了本體論的地位，人作爲認知主體亦受到了
與客體相對應的重視。知識或知識的可靠性、眞理性，在於它們
是否與觀察的、經驗的或邏輯的、理性的事實符合一致。經驗和
理性，不管它們在認知過程中的作用如何（這是經驗論與理性論
的爭論焦點），都是人或認知主體的屬性，都是或多或少與人類
的現實生活內在關連的。歷史開始受到了哲學的關注，一些哲學
家開始兼顧歷史研究，如馬基雅弗利(Machiavelli, 1469-1527)、
霍布斯 (Thomas Hobbes, 1588-1679)、伏爾泰 (Voltaire,
1694-1778) 等。但是總體上說，歷史還沒有眞正進入哲學。 因
爲第一，「知識論」哲學所大加論爭的，還僅僅局限於人的認知
屬性和能力，亦卽「是通過經驗還是通過理性，人才能獲得知識
或眞理」的問題。第二，主體還僅僅是作爲知識的載體和認知的
行爲主體，而不是知識的創造者和認知的建構主體。無論是經驗
論還是理性論，至少在這一點上是共同的，卽以爲眞理是對象本
質的顯現和認識，主體與客體的關係被規定爲主體的認知必須同
客體性質相切合的關係。主體仍然是消極的。歷史亦只是徘徊於
哲學的門口。

　　通觀西方傳統哲學的發展，儘管哲學家們表達了各種不同的
學說並顯示了自己獨特的性格，但是在對待歷史的態度上,欲基本
上執著於相同的哲學信念：首先，有一個絕對、先驗及外在的宇
宙本體或創造物存在著，並決定著宇宙萬物的生死遭遞與運動流

轉。因而歷史至多不過是某種絕對本體外化或展示自身的表象；或現象界事物（包括人類）追隨先驗法則消極運行的過程。歷史與其它具體現象一樣，是不擁有本質的。其次，現象的發生、發展與變化均是由某種先在的因果系列所決定的。因而歷史卽是這個因果系列的表象，或者更確切地說，歷史僅僅是事件的記錄以及眾多記錄的匯集（文獻史、編年史之類）。於是最後，歷史被歸結爲編纂、考據及保存這些記錄的專門學問。哲學家只是偶爾光顧一下歷史學，爲了提取一些記錄，以證明其有關存在或上帝的敎條，如何具有「放之四海而皆準」的眞理性罷了。

　　歷史眞正進入哲學並生成爲歷史哲學，從哲學史本身發展的過程觀之，恰是與現代哲學反叛傳統而導向「主體論」的潮流合爲一體的。

　　一反以往向外謀求存在本體的哲學傳統，「主體論」哲學欲從人類卽主體的活動與特性中，反思整個世界的意義，人生的價值及人之爲人的本質。自從康德(Kant, 1724-1804)創立其「批判哲學」並提出「人爲自然立法」之後，一場「哥白尼式的革命」在哲學領域裏發生了。人才是人的最高本質，或者說人才是自身本質的創造者。不僅如此，人還是他所生活其中的整個世界的創造者。不是某種存在或外在本體給予人和世界的本質，而是人在實踐及理智活動中創造著自己和世界。由此，人或主體成了哲學的本體論起點和基礎，而人或主體的屬性、活動及本質，亦成了哲學探討的首要問題。

　　人的本質或主體的屬性旣然是主體自身活動的結果，那麼哲學作爲人類意識對自我特性的本體反思，該從何處著手？我以爲，現代哲學總體上是循著兩個方向或圍繞兩個方面來展開其主

題的：一是由人類自身所具屬性著眼，諸如人的理性、經驗、心理及其構成與活動；人所用邏輯、符號、語言及其意義與功能等等，來分析人類知識、人的本質及其與世界的本體關係。另一個方向或方面，則是由人的現實生活、社會關係、文化背景及歷史演化等等著眼，來確證人的本質及其在宇宙中的形上地位。一般來說，偏重前一種方向或方面的哲學研究和理論，後來就形成為所謂的「科學主義」思潮；而偏重後者的，便成為「人文主義」思潮。隨著人的主題的確立，歷史亦以同樣的兩個方向進入了哲學：一方面它為哲學研究提供了新的方法和眼界；另一方面主要是在人文主義哲學思潮中，它被當作人類成長或生成著的本質，進一步上昇為哲學本體，並發展成為歷史哲學。

正是在上述時代危機以及哲學變革的背景下，史賓格勒以其對於文化歷史和人類命運的特殊感受，創造了他的歷史哲學。

通常，人們會在兩種意義上使用「歷史哲學」這個概念。第一種是指由某一哲學原理出發，對歷史現象或社會演變過程加以分析與規定的哲學思考或哲學觀點。這種歷史哲學與通常所說的道德哲學、藝術哲學等等一樣，屬於傳統哲學系統中的分支學科。這種歷史哲學嚴格說來應稱為哲學歷史觀或歷史的哲學，其最為典型的代表即是黑格爾 (Hegel, 1770-1831)及其所著《歷史哲學》。另一種則是指那些由歷史本身作為形上基礎，而對歷史並進而對人類生活本質乃至世界意義進行考察與規定的哲學系統。這便是包括史賓格勒在內的現代歷史哲學的真正內涵，也是本書所論歷史哲學的基本釋義。

現代歷史哲學的形成或產生，亦有其自身的歷史過程，史賓格勒的哲學創造，自然是與這個歷史過程相關聯的。因此，了解

這一過程的大致情形，會有助於理解史賓格勒的思想淵源與哲學原理。

雖然，歷史哲學最後生成爲新興的獨立系統，是十九世紀以後的事情，但是它的最初萌芽，卻發生在十八世紀初意大利哲學家維科的著述裏。

維科（Giambattista Vico, 1668-1744）出生於意大利南部那不勒斯港。作爲一個書商的兒子，父親的書店給予他的知識遠多於他的學校。維科除了著書，便是教書。他曾教授語言學、法學和歷史，並長期擔任那不勒斯大學修辭學系主任直至去世前夕。在維科所發表的著作裏，對後世影響最大，意義最深遠的，就是盛名久傳的《新科學》。

維科的哲學是在批判以笛卡兒主義爲代表的哲學傳統中展開的。他認爲，笛卡兒（Descartes, 1565-1650）及其追隨者用數學方法和物理法則來推演世界的本質與人類的全部知識，自以爲找到了眞理，實際上是很不科學的。數學方法固然可以成爲人類認識的工具，但至多只是諸多工具之一罷了。物理法則固然可以概括一些自然現象，但如何能夠推廣到諸如藝術的、法律的或歷史的現象？而他們用一種方法排斥其它方法；用一種法則排斥其它規律的特殊性和不可替代性，這種貌似科學的唯科學主義，又何以能夠給我們眞正提供認識世界和認識自我的科學方法？

這種獨斷的觀念亦是以對於眞理的傳統理解爲前提的，卽將眞理設定爲先驗的、被給予的和一成不變的東西。在維科看來，這種傳統意義上的眞理或者是不存在的，或者就是無法證明的。眞理或事物的眞實性，應該是與其被創造的特點相聯繫的。依此，維科提出了他的嶄新命題：眞理卽是創造。意思是說，惟有

那些被創造出來的事物，才具有眞實性，而且這種眞實性也僅僅
是對於創造者而言的。人作爲創造者，他所能够認識並證實的，
亦只能是那些他所創造或製造出來的事物。例如數學的眞理性在
於它是人的創造。物理法則的眞理性要比數學少，因爲物理世界
不是由人製造出來的，有些物理法則可以被看作眞的，則是由於
我們成功地摹仿並再造了物理過程的結果。同樣，要證明上帝的
存在是徒勞的，如果有人一旦證實了上帝的存在，他豈不就成了
上帝的創造者或「上帝的上帝」？在這裡，人作爲創造主體，上
昇成爲眞理的尺度。人及人所創造的世界，因此而成爲維科及其
《新科學》的形上基礎。

　　那麼如何認識這個基礎本身呢？維科接著指出，人是一種惟
有在歷史中才能被理解的存在。那些從先驗設定的人的本質出發
推演歷史的傳統理論，均犯了倒果爲因的錯誤。人的本質只有在
其長期的歷史發展中——從其最初的生活及進化的過程中——才
能被認識。這種正確的認識，維科稱之爲「歷史的理解」，並被
認作人類最基本的認知方式。他說：「任何理論均必需以其對象
最初發生的情形，作爲分析或研究的起點」❹。

　　歷史的領域是一個眞正的人的世界，是人自身起源、發展和
變化的過程。維科認爲，在這個人的世界（社會）裏，諸如藝術
的、宗教的、政治和經濟的各種社會要素都是互相聯繫的，並且
是隨著社會與時代前後相繼的變化而變化的。在此基礎上，維科
進一步提出了他的歷史循環論。按照維科，人類歷史的發展是
以周期性循環的方式進行的。每個周期都是由相同的三個階段組

---

❹　《新科學》，第314節。

成：第一階段爲「神的階段」，其社會特徵爲父權制。這時的人
類處於最初的發展時期，基本上生活在對於自然與超自然力量的
恐懼之中。這也是宗教產生的時代。第二階段爲「英雄階段」。
父權制過渡成爲聯盟或聯邦制，這是一個權力和力量角鬥紛爭的
時代。殘酷的律法是這一社會獲得平衡與秩序的唯一保障。英雄
時代的生活及史詩給我們展示的，是一幅充滿戰亂與凶暴的圖
畫。第三階段是「人的階段」。人們對於自身力量的確信和對於
自身權利的重視，替代了以往社會中對於抽象理性或秩序的尊
崇，和對於自然法則或上帝律令的敬畏。在階段鬥爭基礎上達成
的民主制度，使原本下屬的人民在鬥爭中獲得了平等權利與經濟
進益的法律保障。但是維科認爲，人的階段發展到最後卻會由於
自由的過渡泛濫而導致原有價值系統的徹底混亂，傳統社會關係
的全面解體，乃至整個社會體系的最後崩潰……這時，像一個圓
圈，社會經歷了它的完整周期，重新進入原始社會或「神的階
段」，再次開始它那永恆的輪廻。

　　以上便是維科及其《新科學》的基本思想。現在看起來，維
科的觀點似乎很不完備，許多地方顯得幼稚和經不起推敲。但是
在三百多年前，在傳統哲學占據絕對統治地位的情境下，維科的
思想卻是劃時代的和革命性的，盡管當時幾乎沒有人能理解它。
維科關於「眞理卽是創造」的命題，與康德的「人爲自然立法」
一樣，是以根本上對傳統哲學信仰的挑戰，堪稱哲學或人類意識
跨入現代的第一道曙光。維科的歷史理解，第一次將歷史引進了
人類知識構成和認知系統的界說，他的歷史觀念，爲二十世紀歷
史哲學的產生，建立了最初的理論基礎。而維科的歷史循環論，
對於像史賓格勒那樣的循環論者的影響，則更是不言而喩的了。

馬克思通常也被看作現代歷史哲學的先行者之一。馬克思稱自己的哲學是「實踐的人本主義」，他反對傳統哲學對於人的本質的抽象規定，而主張人的本質是在其歷史的實踐活動中生成並得以確證的。實踐——亦即自由自覺的活動，是馬克思哲學的本體論基礎：實踐作爲人類本質的確證，同時也是自然或一切存在的確證。實踐使人與自然世界結爲一體，我們所能認知並加以哲學論證的世界或存在，實際上是也只能是我們在實踐中與之交往並加以創造的自然界，是一種「人化的自然」。除此之外的世界是「神秘的」或沒有意義的。

實踐的展開，亦即是歷史。歷史不是任何外在法則在人類社會的重演，而是人在實踐中——首先是在物質生活條件的生產實踐中——改造世界與創造自身本質的過程。人及社會在實踐中處於何等樣狀態——生產能力、經濟水平以及人在實踐中結成的特定的在社會關係等等，決定了歷史發展的水平；而歷史發展的不同水平，又決定了人類本質的特定狀態或屬性。因此，人創造著歷史，歷史也創造著人，歷史與人本質上是合爲一體的。

由此，馬克思進一步提出了著名的異化歷史觀。人的本質是實踐，或自由自覺的活動，但是人一旦進入實踐活動，便開始了他自身本質異化的過程。人通過創造取得了物質產品，卻以爲這些物質產品是人類生命或本質的眞正體現，而忘記了自己作爲創造主體的地位。人最終淪爲自身產品的奴隸，尤其是在現代資本主義社會，人異化爲物質產品、貨幣或財產乃至機器。人在自由自覺的活動中喪失了自我與自由、詩意與美感，從而喪失了人之爲人的眞正本質。這就是幾千年文明史的悲慘結果。

但是最終，同樣是隨著實踐的發展，人又將逐漸克服自身的

異化，克服任何物質、金錢與階級的壓迫和剝奪，而達到馬克思所設想的「自由王國」——共產主義。此乃馬克思的異化歷史觀，亦卽人類在實踐中異化並最終克服異化的過程之界說。

雖然馬克思的理論（尤其是社會革命與政治理論），被他的「學生們」發展成了一套適合於奪取政治權力並建立一種變相的專制社會的完整體系，在現實中亦給人類帶來了不少災難性的後果。但是我始終以爲，馬克思的哲學思想卻具有著劃時代的貢獻。他對於人與歷史乃至世界的實踐本體論界說，以及有關人的本質和異化的理論，不僅爲現代歷史哲學，且爲整個現代人文主義哲學思潮開拓了理論先河。

如果說馬克思關於歷史的學說主要側重於人類實踐的社會的（階級鬥爭及異化現象）和經濟活動的層面，那麼稍後於馬克思的尼采則更多地是從人類實踐道德的和心理的層面，來歷史地分析和建構人的狀態與人性的基礎。

尼采由於他那些散文詩體的美妙著作及其中飽含的天才思想，成爲對現代哲學影響最大的先驅和歷史上最偉大的哲學家之一。而對於本書的主人公史賓格勒而言，尼采更是其思想形成最直接的理論來源。

尼采與馬克思一樣，首先是一個反傳統的鬥士。他認爲以蘇格拉底（Socrates，公元前 469-399）和柏拉圖開創至今的哲學傳統，以及後來統治歐洲一千餘年之久的基督教，是人類走向虛弱和病態的表現。傳統的哲學和神學實際上是一種淺薄的樂觀主義。它們首先假想出一個絕對的、不變的永恒的存在或上帝，以作爲整個世界和人類生活的實在性的本質。然後又確信，這種存在是人類通過理性所能認識並最終依此被認識了的眞理而確立起

衡量價值與道德的絕對標準，以作爲保持社會及其關係安全穩定
的保障或象徵符號。它們排斥現實中所有活生生的、變化無常的
和生死相繼的現象，而將眞理、道德和價值的尺度，建築在現象
世界之外的「存在」或者來世欲現的「天堂」之中。便以爲能永
遠安居樂業於理想的「千年王國」。

這是一種獨斷的哲學，除了先驗地被設定的存在與上帝，以
及由此而定的理性法則或規範之外，一切現象的、變化的、非理
性的、創造性的東西均是非眞理的、反道德（惡）的和無價值
的。這是一種弱者或羣氓（Herd）的哲學，是人們畏懼變異、競
爭和強者以求安全與守成的心理反映。由於他們變得懦弱，無力
承受原創過程那種生死交替和悲劇般壯烈的命運，故爾借助那個
神聖的眞理與道德的準則，用以壓抑各種可能危及舊有秩序的創
造性企圖，並藉此團結一致戰勝乃至消滅強者。

這也是一種非歷史的哲學，因爲它們不願也不敢承認生活原
本是不息的生命湧流，是創造與毀滅更迭不已的無限時間序列。
它們將創造、變革、消解、死亡這些眞正有生命的範疇統統逐出
了眞理和善的領地，從而也將歷史逐出了「哲學的歷史」。

人類眞正是病得不輕啊!

要使人類重新健康、強壯起來，要使人類重新成爲創造者而
不再甘爲奴隸，要使人類重新歸回現世生活並擁有歷史或時間
……惟有待於「悲劇」的重新誕生。於是有了尼采的「悲劇哲
學」。

尼采熱切地企盼人類能夠重新確立悲劇意識或藝術精神。這
種精神在蘇格拉底誕生之前，曾經是古代希臘的文化精神，尼采
認爲這一時代是人類歷史上最美好、最理想，也是最健全的時代

——悲劇的時代。這是一個純樸自然，原始神秘的時代，它的文化精神是由兩個神話形象來象徵的。一個是天神阿波羅(Apollo)，它代表光明、生成與個性，是一切現實存在的象徵。另一個是酒神狄奧尼斯 (Dionysus)，它亦是大地之神，代表黑暗、毀滅與個性消解的否定力量，是一切流變及死亡的象徵。這兩種力量的結合在一起，便構成了世界，構成了古希臘文化及其悲劇特徵。光明和黑暗，生成與毀滅，個性的發展與自我的消解，詩歌與音樂，智慧與迷醉……揉和著、交融著、爭鬥著造出了世界和文化，造出了人類的意義與生活。

這才是一個真實的世界。沒有什麼絕對的、靜止的存在與真理，一切都處在一個不斷生成與不斷消亡的過程或湧流之中。因而世界的本質或實在性不是存在，而恰恰是生成(Becoming)，恰恰是那個被柏拉圖看作是無實在性的表象 (Appearance) 世界。尼采認為，生成是一股生命之流，既是創造又是消亡。沒有創造，事物及個性便無從產生而組成我們眼前的表象世界；而沒有消亡，世界便無以更新，便無以創造。所以，阿波羅與狄奧尼斯是不可分割的，是構成現實世界的雙重要素，而且從創造的意義上說，狄奧尼斯所代表的否定的、消解的、黑暗的力量便顯得更為基本，更為重要。尼采特別欣賞古希臘文化對狄奧尼斯的崇拜和祭禮，酒神節時那種瘋狂而又迷醉的祭祀場景，表現了古代人對於毀滅、死亡以及混亂的欣然從命與無所畏懼。他們居然將人生中所承受的分裂與痛苦，拿來作為藝術品加以玩味和欣賞。難道不正是這種悲劇的文化精神或世界觀念（悲劇哲學），造就了創造性空前的希臘藝術和雅典文化，以及那些充滿力量、充滿自信和健全魁偉的古希臘人？

　　當蘇格拉底將理性絕對化並將生成之流作爲虛假的表象而加以拋棄之後，悲劇便死去了。狄奧尼斯被看作罪惡之源而收入了降妖的法網，創造之泉被堵塞截流了。人類就此而墮落，而失去了生活的眞實性，文化亦停止了它的創造而日漸沒落下去。惟有悲劇精神的再生，才能重新追回人類的力量與本質，才能使衰弱的西方文化重新振作和發達起來。

　　在這悲劇哲學的基礎上，尼采指出人類的衰弱的根本標誌在於基督教式的「奴隸道德」對人類創造性的壓抑和摧殘，人只是消極地服從神學經典與宗教禮儀，而將一切創造活動都看作罪惡加以規避，正是這種奴隸道德，扼殺了創造者的生存，並摧毀了西方文化曾經引以爲傲的創造精神。於是尼采提倡以「主人道德」爲創造者或文化精神階層的道德規範，「主人道德」是對個性與創造性的確證，亦卽是對生成世界的確證，它不再劃分善與惡或將兩者割裂開來，因爲被「奴隸道德」判爲罪惡的狄奧尼斯精神，恰恰是創造性的源泉。「主人道德」不再以原有的由上帝或某存在所給予的善惡標準爲基礎，而是以「強力意志」(Will to Power)，亦卽自我滿足的欲望這種人類創造的深層動力爲基礎的新道德或新價値體系。正是依據此新體系，尼采發出了「重估以往一切價値」的呼籲。

　　在這新的價値體系中，不再存有絕對存在與眞理的地位，上帝死了！取而代之的，是自由創造的強力意志與昇華爲「超人」(Übermensch) 的超越意識。尼采的哲學常常被稱爲「超人」哲學，因爲這個範疇確實在尼采哲學中占據極重要的位置。超人不是指什麼具有特殊才能或掌有特別權力的個人（就像人們通常所誤解的那樣），而是指人或人類精神的最高境界。這種境界標誌

着人在其創造活動中，真正克服了自身的軟弱與無能、自負與專橫、保守與迷信等等本性，克服了主體與客體自然的分裂和對立，而達到與生成之流物我同一的理想狀態。所以超人的意思不是一個人的力量超過別人，而是人的狀態的自我超越或超渡，是人類及其世界最終的自我克服和自我肯定。超人也是一種文化境界，卽悲劇精神的徹底實現，阿波羅精神與狄奧尼斯精神同時得到了確證及肯定。而達到超人境界的人，便不再是命運的屈服者或抗拒者，或者也可說，成為命運本身。

那麼這被承擔的命運又是什麼呢？那就是「永恆再現」(Eternel Recurrence) 的過程。「永恆再現」意指有限的事件在無限的時間序列中不斷重現的過程。尼采相信，世界或人類生活中的事件是有限的，而時間卻是無限伸展的，那麼在無限的時間序列裏，有限的事件只能不斷地重現於不同的時間裏，才能滿足這時間維度的無限性。歷史也卽是這樣一種永恆再現，從原始時代到悲劇時代，從理性時代到宗教時代，從民主時代到專制時代，然後進入戰爭時代並最終回到野蠻時代……總之，一切人類的事件，都將必然地到頭重來，而且永遠。這就是人的命運。尼采的「永恆再現」歷史觀，是與傳統基督教的來世觀念及人類進步或進化永無止境的傳統教條直接對抗的。

尼采的哲學幾乎給了傳統哲學以毀滅性的打擊。雖然尼采在世時並沒有受到人們的足夠重視，人們很容易將其不成系統的、格言式的甚至零散的著作風格及其直覺的、情感的和神秘的言詞，與他晚年的精神疾患聯繫起來，而將其視為失去理智的狂人。但是二十世紀之後，尼采越來越為人們重視。他對於傳統的批判和對於人類狀態和文化歷史的深刻分析，影響了其後幾代的

哲學家們。從歷史哲學到現象學，從存在主義到結構主義，從語言哲學到解釋學，再到後結構主義和破結構主義等等，幾乎每一個哲學流派都曾受到尼采哲學的啟示。尼采眞可謂現代哲學的一代宗師。

尼采與史賓格勒的關係自然更特別一些。從現象上看，他倆似乎在人格與人生經歷上都十分相像。兩個均爲孤獨者，一生少有朋友知音，且都終身未娶。他倆都患有偏頭痛，且都只活了五十六年。他們都崇仰古希臘早期哲學家赫拉克利特，特別是「戰爭爲萬物之父」的思想。他們都酷愛音樂與詩歌，並同樣擁有瀟灑優美的文筆……

在思想上，就如史賓格勒在《西方的沒落》修正版序中所說：「……我欲再次提及兩位偉人的名字──我的所有學問，實在都得之於他們──歌德與尼采。歌德給了我方法，尼采給了我懷疑的能力。──若有人要我具體說出我與尼采的關係，我會這樣說：「我所作的『概覽』（Overlook），卽是以他的『概觀』（Outlook）而來」❺。尼采對於傳統哲學的批判，爲史賓格勒建立其形而上層基礎創造了條件。

除此之外，我覺得尼采的永恆再現理論，精英及超人理論，乃至有關女人的論述，都對史賓格勒產生過或多或少的影響。史賓格勒對近現代哲學所知不多，但卻深研過尼采的著作，故爾我想，尼采對於史賓格勒的影響，應該是決定性的。

尼古拉・丹尼拉夫斯基（Nikolai Danilevsky, 1822-1885）也是一個曾對歷史哲學之產生做過貢獻的重要思想家之一。1869

---

❺　《西方的沒落》上卷，頁14。

年，他在祖國俄羅斯發表了《俄國與歐洲》（*Russia and Europe*），並在書中提出了許多與史賓格勒很接近的歷史思想。像史賓格勒後來所作的一樣，丹尼拉夫斯基反對將歷史劃分為「古典的」、「中世紀的」和「現代的」這樣一種歐洲中心論或西歐中心論的傳統。然後，在史賓格勒後來對八大文化作為劃分之前，他區分了十大文化類型或文明：(1) 埃及 (2) 中國 (3) 巴比倫或古代閃族 (4) 印度 (5) 伊朗 (6) 希伯萊 (7) 希臘 (8) 羅馬 (9) 新閃族或阿拉伯 (10) 歐洲。兩種劃分實在沒有什麼大的分別。

丹尼拉夫斯基也曾有過植物學的學歷，他對歷史及文化的分析會很自然地使用與史賓格勒相同的形態學方法，只是沒有同樣地建立一種歷史哲學的形上體系罷了。他認為文明之間的影響或者是通過移植，或者是通過交往的方式來達到的，他這樣的影響對於獨立的文明發展來說，是不可能重要或持久的。而且與史賓格勒一樣，他也是一個歷史循環論者。

沒有材料能夠證明史賓格勒曾經在發表《西方的沒落》之前讀過丹尼拉夫斯基。但是丹尼拉夫斯基的思想在思想史上，尤其是在歷史哲學逐漸形成的過程中，留下了他那閃光的足跡。

另一個值得一提便是法國當代著名哲學家柏格森（Henri Bergson, 1859-1941）。柏格森是現代生命哲學的創始人，他於 1907 年發表的《創化論》在西方思想界曾引起巨大的反響。他對於歷史哲學的重要影響，主要表現在他對時間的綿延與數學時間，以及科學法則與有機生命所作的區分。他認為世界的本質在於生命即時間的絕對綿延，而這種有機的生命之說不是依據科學方法，而是依據直覺才能理解或認知的。他的這些思想，也可以

在史賓格勒的著作中找到相同的影子，雖然我們也不能確定，史賓格勒經在他寫作《西方的沒落》的過程中，直接吸取過柏格森的思想。

除了上述思想家外，我們還可舉出許多現代歷史哲學的先行者來。而且，影響到現代歷史哲學的還有生物學、考古學、社會學特別是文化人類學的產生與發展，這些新學科的發展，在很大程度上給歷史哲學的產生與發展提供了寶貴的實證材料和經驗啟示。只是限於本書的題旨，我不能更多地展開討論背景問題，但是我相信，上述粗陋的勾劃已足以幫助讀者理解史賓格勒及其歷史哲學產生的背景，及其理論的淵源關係了。

背景也好，淵源也好，最終也還是外在的影響而已。決定史賓格勒之爲史賓格勒的，不會是別人或別的什麼，只能是史賓格勒本人及其不朽之作《西方的沒落》。

第二章 文化歷史哲學的形上基礎與方法

　　西方傳統哲學所對待的世界，僅只是「自然的世界」(World-as-Nature)。此所謂自然，乃是與人類文化相疏離的自在之物或凌駕於人類實踐之上的絕對存在。按照自然世界的觀念，任何事物的存在與本質都是自在自然地被給予的，它們之間的關係或運動，亦都是自在自然地被規定的。人也是被當作同樣的自然事物來對待的，人的存在最終仍然要被還原為某種終極本體的外延或客觀規律的結果。一切都被毫無例外地安置於統一的、絕對的秩序之中。一切也都毫無例外地被認為是必須以同樣的理性或科學原則來加以分析與認知的。巴比倫王國的興亡與幼發拉底河水的漲落、古羅馬的競技場與美洲的大峽谷、秦始皇統一中原與墨西哥大地震……都沒有什麼本質的區別。都服從於同樣的法則。在此形上基礎中成立的傳統哲學或世界圖景，必然不會有人及人類文化的特殊地位，更不會將歷史作為人這種獨特存在自我創造或建構的獨特過程來加以重視了。

　　史賓格勒的歷史哲學及其形上基礎的重構，就是在對這種傳統哲學信念的批判中展開的。

　　史賓格勒指出，傳統哲學所設想的自然世界，是一個業已完成的世界。某種先定的、絕對的本體——如上帝、物質、理念等

等——就其本質而言是自我完善的，或自我滿足的實現了的存在（如果不具備這個條件，這種絕對的存在便不能創造出或演化出宇宙萬物）。因而就自然世界的本質而言，一切存在或一切事物均爲已成的和給定的，它們之間的關係亦是固定的和不變的，「太陽底下沒有新東西」。沒有創造，也沒有任何質的變異。世界從此喪失了自身的時間維度，唯剩下空間或廣延，以及絕對存在於空間中的擴展。在此意義上，史賓格勒稱自然的世界爲靜止的和「死亡」的世界。

在這已成的世界裏，事物被依次安排於前定的和必然的因果連鎖之中，在沉寂的空間裏進行著往覆無窮的機械運動。因此，在這「機械的」世界裏，一切現象均服從於數學和物理學的（亦卽數字的和因果的）法則。人類一旦擁有了數學和物理學的原理，便可依其推演出全部現象及其本質。

因此，在自然的世界裏，意識或理性——特指那些數學的、物理學的或其它科學的和神學的抽象原則，便成爲一切具體現象與存在的主宰。生命的或生活的本質，全然由無形無色、無靈無肉的公式法則所替代。

靜止的、機械的、抽象理性的和死亡的世界，便是史賓格勒給予傳統哲學所謂自然世界圖景的各種定語。應該說明，史賓格勒並不否認上述自然圖景中所有那些特徵的存在與作用，他所反對和批判的，是傳統哲學將這些特徵絕對化爲全部世界和全部現象的本質，並排斥其它各種可能性與創造性的獨斷論傾向。他並不反對數學、物理學或其它科學，他所反對和批判的，是用科學解釋一切現象——尤其是人類生活和人類歷史，並依此的唯一的和絕對的眞理自據的狂妄態度。正是這種獨斷論傾向與唯理性主

義或科學性主義態度，長期以來遮蔽了人類主體與歷史意識的眼界。人類在獲得對自然世界日益豐富的知識的同時，卻依然處於對自身狀態、自身歷史和自身命運全然無知的境地。要改變這種狀態，史賓格勒走的是以歷史着眼重構世界圖景的道路。

史賓格勒認爲，事實上「我們還缺少一種具有學理依據的研究歷史的藝術」，這是因爲「過去的研究方法幾乎全是以……物理學那裏搬來的，以致當我們自以爲在研究歷史的時候，實際上研究的卻是客觀的因果關係。值得指出的事實是，傳統哲學從未設想過在有意識的人類悟性與外部世界之間，還有其它關係存在的可能。即使是那個奠定了人類認識形式法則的康德，也只是將自然當作理性活動的唯一對象，他和他的後繼者也都沒有考慮其它的可能性。對康德來說，知識就是數學知識。他探討了理性的先天直觀形式和範疇，但卻從來沒有想到過用以領悟歷史印象的全然不同的機制」❶，所以「正如伽利略在他的《試金者》中所說的一句名言：哲學是自然的一本巨著，是用『數學語言』寫成的。如今，人們期待著一位能告訴大家歷史是用何種語言寫成的和應該如何去讀它的哲學家」❷。

於是，揭示歷史——亦卽人類生活本質及其進程——的本來面貌和基本特徵，並由此而達成眞正的歷史哲學，便成了史賓格勒的使命。

史賓勒格反對用自然科學的方法像研究自然現象那樣進行歷史研究。就這一點而言，他只不過是承襲了尼采、狄爾泰 (Wilhelm Dilthey, 1833-1911)等先驅們的思想。他的標新立異

------

❶　《西方的沒落》上卷，頁7。
❷　同上，頁8。

之處，在於提出了「歷史的世界」(World-as-History)這一本體概念。他所欲創造的新哲學的使命，也就在於從這個歷史世界着眼，去「重新深刻地審視世界的形式、運動及其最終意義」❸。

「歷史的世界，是從與其相對的自然世界之外而被設想、看待和獲得自身形式的世界 —— 這是一個有關人類存在的嶄新眼界」❹。多少年來，人們始終未能用這種歷史的眼界來看待自己的生活，相反，他們總是用自然的眼界來解釋歷史，以爲人類文化及其歷史是可以像電和引力一樣，用自然科學的方法來加以分析和認識的。因此，對史賓格勒來說，要獲得歷史的世界這一嶄新的視野，首先必須發現或揭示「歷史與自然的對立」，因爲「只有通過這一對立才能理解歷史的本質」。

史賓格勒認爲，「作爲世界元素和代表的人類不僅是自然的一員；同時也是歷史的一員——歷史是結構與情勢不同的第二宇宙，舊形而上學只注重第一宇宙，而將它完全忽略了」❺。與自然科學不同，歷史將告訴我們的，不是發生了什麼樣的事件；而是爲什麼會在特定的時間、地點和情境中，以特定的形式發生這些事件，或產生那些諸如哥德式建築、依斯蘭宗教、波利斯城堡等意願深沉的文化現象。通過觀念上這種歷史與自然的分野，我們將會發現，「所有那些現象實際上蘊涵著一連串形而上學的奧秘：它們的出現與時間緊密相關；世界圖景中存在著一種尚待發現的活生生的相互依存關係（不同於那無機的、自然律的相互依存關係），那是從整個的人而不僅僅是從（如康德所想的）人的

---

❸ 同上，頁5。
❹ 同上，頁6。
❺ 同上，頁48。

認知部分放射出來的；歷史的現象，無論它是宗教的、藝術的最高產物，亦或普遍生活中的日常瑣事，都不僅是一些可供理解的事實，同時也是一種精神的體現，不僅是一些（可以認識的）對象，而且也是一種象徵（SymboSl）——所有這些，從哲學上看全是新的」❻。而惟有通過一種全新的哲學視線，亦卽歷史世界的觀念，才能 理解並揭示 這些源之於 人類生活本 身的形而上學奧秘。

　　所以，放在我們面前的，是兩個完全不同的世界——自然與歷史；以及兩種完全不同的世界圖景或詮釋世界的方式。從哲學上看，兩個世界各自奠基於不同的形而上學出發點或形態（Shape），這些形態爲我們提供了建構世界中兩種可能性。「自然的形態所表現的，是高等文化中人對於自身直接感覺印象的綜合與表述；而歷史的形態，則代表了人類需求理解世界中那個匯合了人的生活，並使人類獲得更深層現實性的生命存在的意念（Imagination）❼。問題在於， 人們將選擇哪一種形態， 來統攝他們的「 醒覺意識」。

　　史賓格勒的歷史世界或歷史哲學的基礎，就是依據了上述所謂「歷史的形態」。也卽是說，人類的實際生活——宗教的、藝術的、科技的、經濟的、情感的等等全部屬人的活動——所組成的「強有力的生命歷程」，在史賓格勒那裏，變成了歷史世界的存在及其現實性的形上本體。在此基礎上生成的歷史的世界，恰與那非人的、無生命的和僵死的自然世界相反，是活生生的，屬人的生命現象的總和。換句話說，歷史的世界不是由任何外在的東

---

❻　同上，頁49。
❼　同上，頁8。

西決定的，而是由人自身活動的過程及其特性組合而成的。歷史
不是別的，歷史就是具體的人、具體的活動和具體的生命本身。
它也不是服從於什麼自然的或神學的法則，歷史只服從於生命體
成長的過程，或者說就是這過程本身及其顯現。同樣，如果有人
提出「歷史爲誰存在？」這樣的問題，答案一定是不言而喻的：
「歷史是爲每一個人而存在，而每一個人，及其整個的存在與意
識，亦都是歷史的一部分」❽。這看起來自相矛盾的答案，本質
上卻蘊涵著一個不可動搖的事實——歷史與人及其文化實在是不
可分割的整體。問題僅僅在於，有的時候某些人未必意識到這一
點，他們不清楚自己的生命只是廣大而漫長的生命過程中的一分
子，亦不清楚自己的生命活動本身卽是在進行著歷史的創造，而
對於這些人乃至以這些人組成的民族的意識形態來說，是沒有歷
史或歷史的世界可言的。他們只是無意識、不自覺地生活在被認
爲是自然世界的歷史世界之中。

　　正是基於上述本體，歷史的世界被賦予了與自然的世界完全
不同甚至相反的特徵：

　　歷史的世界是「生成」（Becoming）的世界。不像在自然的
世界裏，一切都是「現成」（Become）的或已經完成的事物，在
歷史的世界裏，一切事物都處在不斷生成的生命過程中。呈現在
那裏的，是一片生機盎然、此消彼長和運動變幻的活潑景象。沒
有什麼先定的、不變的和絕對的本質，一切現象與本質，都是人
或事件在其生成的過程中發散或創造出來的。

　　生成與現成，是史賓格勒哲學中的一對重要範疇，也是他的

---

❽　同上，頁8。

方法論基礎。所謂生成的事物，即是那些正處於形式、生長、構造和變化過程中的事物。歷史原本就是生成，而生成的事物，便組成了歷史的世界。所謂現成的事物，即是那些已經造就了的和既已存在的東西，它們沒有變化沒有過程，從而組織了另一個自然的世界。據史賓格勒所言，生成與現成這對範疇，是他從歌德那裏繼承來的，用以替代傳統哲學中的生成存在(Being)範疇。他認爲，在傳統哲學中，生成只是被看成存在的一種狀態或條件，是隸屬於存在範疇的。而在歌德那裏則相反，生成才是最基本的、活生生自然（相對於機械的、僵死的自然）的本質，現成的事物總是在生成的基礎上發展而來的❾。史賓格勒運用這對範疇來區分歷史與自然的世界，並將生成的觀點貫徹於整個歷史哲學。

歷史的世界是機體的世界 (World-as-Organism)。與自然世界機械的特徵相反，歷史的世界所展現的是生命有機體的成長過程。作爲歷史世界主體的人、文化及其它現象，都是富有生命、有血有肉且個性強烈的機體。它們的存在或生成，絕不是那些機械的和理性的原則所決定的，而是由其自己的土地、自己的血液、自己的情感、自己的意志、自己的性格乃至自己的生命與死亡所組成、所展現的。「我把歷史的世界，看作一幅漫無終止地形成與轉變著的，由千千萬萬有機體神奇地成長與凋萎成的圖畫」❿。這是一幅多麼美妙的圖景呵！沒有什麼東西不是新生的，就像嬰兒呱呱墜地和春苗破土而出。沒有什麼東西不是生意蓬勃的，就像鮮花含苞怒放和少年意氣奮發。同樣，也沒有什麼

---

❾ 同上，頁53。
❿ 同上，頁22。

東西是永生不死的，猶如秋葉的凋零和血脈的冷凝……一切都在生長著——興起或出生、發育、成熟、老衰乃至死亡。在這史賓格勒所設想的活生生的機體世界裏，消失了傳統哲學中諸如「絕對」、「永恒」、「普遍眞理」等等抽象觀念，而代之以永無止息的生長、衰敗和死亡的現實生命過程。

歷史的世界又是命運的世界。史賓格勒反覆指出，自然的世界服從的是因果的規律或法則，而歷史的世界則服從命運（Destiny）的安排。命運在這裏意指有機生命成長的必然性。只要是有機或機體的存在，都不可避免地會經歷由出生到死亡的過程，沒有什麼可以逃避這必死的命運。正是因爲此等命運或有機的必然性，才構成了每一個體獨特的過去、現在與未來，亦卽構成了它們獨自的歷史。自然世界的存在是在永恒的因果系列中循環往復的，所以它們不享有生死的命運和歷史。歷史的存在則追隨其永不回復的命運，在生成湧流的歷史長河中，每個存在都只有一次生與死的經歷和命運，這才顯得那麼特別、那麼珍貴、那麼個性，而不像自然或無機的事物那樣千篇一律。

歷史世界的上述特性，也決定了歷史世界的另一個特徵——時間性。生成、有機生長和命運，所表現的都是時間的特性，由它們構成的歷史世界，亦卽是時間的世界。永無止息的生成變化過程，亦卽是時間奔流的無限伸展。

同時，歷史的世界亦是形式（Form）的世界。在自然的世界裏，一切事物由某種絕對的存在賦予了抽象的本質，而在歷史中生成的事物不具有那種被給予的抽象本質，它們只是在自身生長的過程中，展現並創造豐富多彩的形式，在這裏，沒有什麼普遍的本質，形式直接就是本質。通過各種歷史的和現實的形式，時

間才獲得了它的量度，成爲眞實的命運及歷史。

　　以上述這些特徵，我們可以看出史賓格勒所謂「歷史的世界」，完全是針對傳統的自然世界並反其道而提出的新世界圖景。

　　總而言之，「數學和因果法則導致現象世界的自然安排，年代學和宿命觀導致現象世界的歷史安排。爲了自己，而經安排後自包括整個世界」❶。也就是說，自然的觀念和歷史的觀念實際上代表了各自完整的兩種世界觀。史賓格勒選擇了後者，選擇了歷史哲學。他說：「我提出的歷史進程形式是自然的，『哥白尼式』的，它的根源寓於歷史進程的本質深處，只有完全擺脫了成見的眼光才能看得見它。這是一種歌德的眼光。歌德稱之爲『活生生的自然』正是我們所謂的世界歷史，卽作爲歷史的世界。作爲一個藝術家，他描寫他的人物的生命與發展──作爲生成的事物而非現成的事物的生命與發展，他討厭數學。在他看來，作爲機械的世界和作爲機體的世界是相反的；死沉沉的自然和活生生的自然是相反的；法則和形式是相反的。作爲一個博物學家，他寫的每一行字都旨在顯示一件生成的事物之影像，一種生活著和發展著的『蓋上印記的形式』」❷。史賓格勒「正如歌德從葉去窮究植物形式的發展，窮究脊椎動物的發生，窮究地層的變遷一樣──窮究的都是自然的宿命，而非自然的因果──吾人亦將以全部值得注意的事實中，開發出人類歷史的形式語言，週期結構與有機邏輯」❸。

---

❶　《西方的沒落》上卷，頁 8。
❷　同上，頁 25。
❸　同上。

在對自然的世界與歷史的世界作出上述區分之後，史賓格勒接著區分了兩種完全不同的認知方法——他認爲兩種世界的自我確證，是經由不同的意識類型或世界意象來達到的：歷史的眼光和自然科學的方法。

史賓格勒反對用自然科學的方法解釋一切，尤其是解釋歷史。因此他獨創了一套用的認知、理解和詮釋他那歷史世界的方法，從而完成了他的歷史哲學的方法論基礎。

史賓格勒的方法，被稱爲「世界歷史的形態學」(Morphology of World-History) 方法。形態學 (Morphology) 這一概念原運用於生物學領域，意指那種通過分析與比較生物現象的形式、結構和生長過程等等，來確定或歸納它們的種類屬性和生長特徵的方法。後來也被運用於地質學、地理學和語言學等特殊領域。形態學的方法與傳統的科學與哲學方法完全不同，它是通過對象所表現或顯現的形式特徵和形式關係出發，去規定或發現對象所具獨特的品質的。而不是像以前的習慣那樣，從預先設定的一般公理（科學）或普遍本質（哲學）出發，去推算和演繹出一切具體的現象與本質。

尼采曾經主張用「類型學」(Typology) 的方法來研究道德現象，以反對傳統哲學尤其是基督教神學倫理學用絕對和單一的善惡標準來評判道德價值的方法。他認爲沒有什麼先驗和不變的道德本質，只有在不同的時代、不同的文化和不同的個人或階級中所體現出來的不同的道德現象。所以道德的研究不是用某一標準去衡量一切現象，而是通過對各種道德類型和形態的比較和分析，去把握或理解這些道德現象各自所體現的歷史特性或文化徵象。根據這種方法所得的結論，便是不存在什麼絕對的或普遍的

道德標準。尼采所謂類型學與形態學的意思其實沒有什麼區別，
而且我以為，史賓格勒的形態學方法，與尼采的主張有著明顯的
傳承關係。雖然史賓格勒始終聲稱他的方法來自於歌德，但是就
方法的內在深度而論，史賓格勒的思想大都來自於尼采。尼采之
後，被稱為「歷史哲學的鼻祖」的狄爾泰，也曾運用類型學和形
態學的方法來研究歷史和人類生活的特性。狄爾泰認為，生活就
是人類在實踐活動中所表現的那些現象。沒有什麼本質或本體或
理念等等存在於生活背面。一切價值或道德原則，一切有關生活
的觀念，都是來源於 特殊個體 在特定的空 間和時間中 的生活實
踐。所以，只有根據特定的生活現象及其歷史形態，才能真正理
解生活和歷史。狄爾泰的這一思想和方法，對二十世紀歷史哲學
以及現代解釋學（也譯詮釋學）哲學，都產生過很大的影響。也
正是通過尼采和狄爾泰等，形態學的方法被引進了哲學。

　　史賓格勒則更進一步將形態學看成一切知識的方法。「歸根
結底，任何用以認知世界的模式，都可以稱其為形態學」⓮。而
這些形態學最終 又歸結為科 學的形態學 與歷史的形態學。 他以
為，盡管傳統觀念習慣於從原則或本質出發的方法，但是他們得
到的，卻仍然是自然的現象和形式，所以「歸根結底」也還是形
態學。兩種形態學用兩種不同的態度或觀點構造着各自的世界圖
景：一個是自然的世界，另一個是人的世界，前者建構的是自然
的知識，後者是人的知識。在這個意義上，史賓格勒進一步將歷
史的形態學與科學的形態學方法嚴格地加以區分，他將他那獨創
的歷史的形態學，稱為「觀相的」(Physiognomic)形態學，並且

⓮　同上，頁100。

相信，這種觀相的形態方法，將成爲未來全部科學的基本方法。他說：「機械與張力世界的形態學，亦卽發明並整理出自然定律和因果關係的科學，是體系的 (Systematic) 形態學。有機、歷史與生命世界以及所有那些遵從於導向 (Direction) 與命運的事物的形態學，則爲『觀相的』形態學」❶。他還說：「在西方，對待世界的 系統的模式，已於過去一個 世紀裏達到了 自身的頂點，而觀相的模式之偉大時代則正在來臨。在未來的一百年內，能夠繼續存在的所有科學，都將成爲眞正人的世界的、浩大而獨一無二的『觀相的形態學』之一部分」❶。

什麼是觀相的形態學？

史賓格勒選擇「觀相的」一詞，是頗具用心的。「觀相」原來的意思亦卽中國人常說的「看相」或「相命」，是一種通過相面或觀察人的面貌特徵，去揣測和判斷他的個性特徵、人格類型以及他的人生經歷和前途命運的藝術。史賓格勒用「觀相的」來規定他的形態學，將其擴展爲一種研究和認識「歷史世界」及文化現象的基本方法，使他的形態學更具自己的特色。

與尼采和狄爾泰一樣，史賓格勒不承認那些絕對的本質或本體概念。世界就是活生生的生成變化的過程，是有機體生長和死亡的生命活動。也就是說，沒有什麼外在於世界的本質，只有那些眞實的、生活的、實現出來的生活景象和生命形式，構成了現實的世界。所有這些事物、個人、文化及事件，不停地處在新生、成長與衰亡的交替之中，就像那一瀉千里的江河，你又能指出哪一個浪花、哪一刻流動是本質的？它們就是它們所顯現的那

---

❶❶ 同上，頁100。

個樣子——現象、形式或形相。發現和認知這個世界的方法，就在於通過研究和比較這些對象的形相——人的、事件的和文化的形相——而確定或感知它們的獨特性和歷史地位。另一方面，觀相的形態學還意味著，通過對事物形相之比較研究，進一步從它們的生命過程中，感受、領悟並昭示它們的過去、現在和未來——它們的命運和歸宿。

「所謂歷史研究，其實就是純粹觀相的活動，而這種活動的最佳範本，莫過於歌德研究自然的方法了。在研究礦物學的同時，他的眼界可以透過他所喜愛的花崗岩放射到整個地質形成的歷史，花崗岩在此的重要性，恰如我所謂『原始人類』（Proto-human）在人類歷史中的重要性一樣。他研究典型的植物及其蛻變的原始現象，以揭示所有植物存在的歷史……從未運用過因果觀的方法。歌德所感受的恰恰是命運的必然性，正如他在〈未完成之歌〉（Orphische Urworte）中所說：

> 你必須恪遵勿渝，無法逃離命運，
> 太初的象徵，往昔的先知，
> 皆已言之諄諄。
> 時間與任何的力量，皆無法將命運的形態毀損，
> 凝神注意着，看那生命如何
> 展現其自身」❼。

這就是「觀相的形態學」或「歷史的觀相學」的基本精神。

---

❼　同上，頁157。詩文引用為陳曉林的譯文，參閱陳中譯本，頁174。

由此出發，史賓格勒的形態學方法還包含著以下幾個方面的具體內容。

1. 生活其中和直覺體驗的方法

歷史的觀相學或觀相的形態學，奠基於對生活、靈魂和生命潛勢 (living potentiality) 或生成過程的直接的、直覺的和本能的體認。這種體認，只能是「生活於對象其中」的結果。

人們習慣於相信，認識過程是主體與客體之間的交互作用。主體與客體，亦卽認識者與對象，是外在獨立和對立的雙方。作爲認識者的主體，首先必須發現或設定某一對象的存在，然後在活動或實驗中不斷地感覺和觀察對象，通過多次和反覆地獲得觀察結果或感覺印象， 以及理性的分析與綜合， 最後達到了所謂「對象的認識」。史賓格勒認爲這種「體系的形態學」方法，將主體與客體外在地割裂開來，並將對象當作僵死的和「現成的」事物；用外在的觀察與抽象的推理對待整個世界，並且以爲僅僅通過理性的法則，便能獲得有關世界的全部知識與客觀眞理。其實不然，這種外在於對象的方法，至多只能獲得自然世界或現成事物的機械的表象，卻無論如何不能達到對於歷史世界或生成事物的有機的知識。

與此相反，歷史的觀相學方法，是直接的、內在於生活的方法。主體與客體的對立在此變成了內在統一和不分彼此的一體化生命流程與生活體驗。由於歷史本身就是人類在其生活及生命活動中展現出來的，故爾作爲歷史知識的認知主體，人本身亦就是其認知對象的一部分——歷史的一部分。不是將歷史當作外在的客體進行外在的觀察，而是生活於其中，「進入」到歷史的現實

過程中去，用自己的血肉和靈魂，去感受、去體驗、去領悟那永無止息的生命之流或歷史長河，如何以遙遠的源頭，流經我們的軀體而奔向未來……這種「生活其中的方法」，依靠的不是理性的法則和推理，而是完全直覺的體認。與柏格森一樣，史賓格勒認爲對於歷史世界或有機生命的理解，惟有依靠直覺的方法。生活本來就是變幻無常的生成過程，理性的概念、公理系統何以能夠統攝這種活生生的事實？而直覺卻是生命體在生活過程中對於自身生命和命運的直接關照和確證，是來自生命深處的自我直觀和自我醒覺。惟有直覺能把握歷史的內在秘密——象徵，生成與命運。當然，這種直覺只能是主體與整個生活——生活經歷、時代背景、環境條件等等——融爲一體的產物。在史賓格勒眼裏，「思想家的任務，就是依據自己的觀察與理解，給與時代的象徵的意義」，然而，「他別無選擇，他必須按照時代所限定的條件去思想。……眞理不是他發明出來的，而是由他的生命中發現出來的。眞理是他生命的再現；他的存在被表達爲文字；他的人格意蘊形成爲有關其生命不可移易的學說，這都是因爲，眞理與他的生活，原本就是同一的」⑱。因此，這種「觀察與理解」，又必須是對於生活本身的直接的或直覺的體認。

正是在這「生活其中」的原則上，史賓格勒進一步闡釋說：「自然科學家可以經由教育而產生，而能夠領悟歷史的人則是（直接在生活中）出生的。後者那對於人與事實能一舉穿透並同時把握的洞察能力，不是靠學習或受其它影響所能得到的，它只能產生並確證於對生活的高度激情之中」。同樣，「理性、系統和

---

⑱　同上，上卷，再版序。

理解總是在認知過程中殺死了對象，即將它們變成了單純的客體以便於計算和分解。直覺的方法則相反，它是將對象與自身生命的內在情感結合成一個活生生的和互相滲透的整體」。在這個意義上也可以說，歷史的研究恰是與詩的藝術同根而生的⑲。

因此，歷史的世界或生成的事物，「惟有在生活的過程中才能被經驗，並在深層的、沒有概念介入的理解中才能被感知」⑳，而觀相的形態學方法，首先強調的正是生活的體驗，直覺的洞照和內心的直觀。

2. 相似的類比 (Analogy)

「認識僵死的形式的方法是數學法則。認識生命形式的方法是相似的類比」㉑。在史賓格勒看來，數學法則或理性定律只能認識無機的自然世界，而生活的體驗才是打開歷史世界的鑰匙。現在的問題是，如何去體驗生活，或者，如何將對於生活的體驗，上昇或歸結爲對於歷史的體認？這就引出了相似的類比（或擬喻）的方法。

史賓格勒認爲，在歷史進程的背面或歷史現象的底層，既不存在什麼必然性的原理，也沒有什麼普遍的本質。惟有那些簡單而直接的人類傾向，決定著人類或文化在歷史大舞臺中的表演和形象（但是迄今爲止都沒有人眞正明白這一點，人們總是傾向於用普遍的原理來詮釋歷史）。因此，眞正的歷史研究，也不應該是本質的探求或原則的設定，而是通過對歷史現象的比較研究

---

⑲　同上，頁102。
⑳　同上，頁102。
㉑　同上，頁4 。

——相似的類比——而達到對歷史世界和人類命運的內在理解。

相似的類比方法，首先就是將歷史看成是由各種不同文化組成的整體，和由各種不同時期、不同發展階段組成的過程，然後將它們置於一個想像的世界之中（而不是預定的系統或結構之中），作縱橫的類比。以不同文化和不同時期中的現象，加以相似的聯想或擬喻，由此而得出某一現象或某一現實文化在編年史或自身生成過程中的地位與階段，並進而推測可能到來的前途和命運。

例如，當我們談論拿破崙時，總不免要將他與凱撒和亞歷山大來作類比或擬喻，通過比較，便會發現拿破崙的所作所為恰與亞歷山大在古希臘時代的相同，進一步推論便知，同亞歷山大一樣，拿破崙的擴張野心，預示著歐洲正在進入一個新的文明階段——帝國主義階段。這種類比的例子俯拾皆是，如佛羅倫薩與雅典；菩薩與基督；原始基督教與現代社會主義；阿孚露黛女神(Cnidian Aphrodite)㉒與莫札特 (Mozart, 1756-1791) 的音樂……每每進行這樣的類比，我們都能感受到人類命運之神不息的步履，和歷史運行的內在脈搏。

相似的類比包括同源 (Homology) 和同功 (Analogy) 的類比。兩者據說都是歌德從生物學中轉借來的。同源是指那些生物及其器官具有共同的淵源或譜系的親緣，其意正好與用於功能或作用分析的同功概念相對。例如人的骨骼與其它脊椎動物就具有同源的關係——它們都被認為是從魚類進化而來。魚類的鰭翅與陸地脊椎動物（如鳥類）的腳、翅膀和手爪也屬同源，盡管它們

㉒　阿孚露黛女神為希臘神話中代表愛與美之女神。

的形狀與特徵是那樣的不同。屬於同功的顯著例子便是魚類的鰓和陸地動物的肺，它們具有同樣的作用或功能。將它們運用到歷史世界，我們可以發現：古典（希臘——羅馬）雕塑與西歐交響樂；第四王朝的埃及金字塔與哥德式大教堂(Gothic Cathedrals)印度佛教與羅馬斯多噶學派 (Stoic)； 中國的戰國時代與普涅克戰爭 (Punic，羅馬人同伽太基人的戰爭) 等等， 都是同源的現象。我們說狄奧尼斯運動與文藝復興是同源的，而與十六世紀的宗教改革運動則是同功的關係。

　　自從引進了同源與同功分析的方法，我們便在歷史的世界裏獲得了同期的 (Contemporeous)概念。當我們將不同的文化類型或歷史現象，置放於同源的軌跡和同功的狀況中， 便會發現它們的同期性或同時代性，就會發現它們所經歷的相同的發展過程或所處的相同階段，盡管它們出現的年代可以有幾千年的距離，盡管它們之間可以沒有任何形式的現實交通或交流。例如畢達哥拉斯 (Pythagoras， 公元前 570-500) 與笛卡兒； 阿爾奇托斯(Archytas, 公元前四世紀上半葉)與拉普拉斯(Laplace, 1749-1827)；阿基米德 (Archimedes， 公元前 287?-212)與高斯(Gauss, 1777-1855) 等等都可說是同期的。 宗教改革、新教運動以及所有標誌「文明」階段到來的現象，對於各種文化而言都是同期的[23]。

　　相似的類比方法的運用， 使得新的歷史研究克服了以往史學研究失之膚淺的毛病，並使得確定歷史現象的編年學或年代學地位 (Choronological Position)， 和預斷未來文化的命運成爲可能。正如史賓格勒所說， 「根據這種『觀相的韻律』， 我們才可

---

[23]　史賓格勒認爲各文化都將根據同樣的發展階段發生、發展到死亡，這一具體理念及介紹將在以後的章節中展開。

能從散亂的裝飾品、建築、手稿乃至政治、經濟和宗教的材料中，找到全部歷史的有機特徵；或從已知的藝術表現方式中，發見相應的社會經濟要素。這是一種眞正歌德的方法——紮根於他名之爲『原始現象』的方法——這種方法已經在比較動物學中得到了運用，它還將以迄今爲止無人能够想像的水平，擴展到整個歷史研究的領域」❷。

需要說明的是，欲通過相似的類比而達全部世界的歷史圖景，關鍵在於比較那些代表或表徵人類活動和文化形態的象徵符號，而非生活中的日常瑣事與繁文褥節。「用以概觀歷史的材料，只能是那些象徵（Symbols）」❸。

史賓格勒指出，歷史的世界亦可稱爲象徵的世界。每一個文化甚至每一件事物，都具有自身意義的象徵符號。這些見諸於個人、種羣和民族的具體的象徵，往往代表了這些個人或文化的時代特徵與內在靈魂。這些象徵的意蘊是不能經由理性的推論而能理解的，而是靠直接生活的感受去體驗的。象徵也是理性與語言文字所無法表達或敍述的心理表象之外化，它們是孤獨的人類生命，於空曠的莽原草林中對於自身存在的深層呼喚。這種呼喚從不見諸於理性的語言，而直接表露於生活實踐或創造之中，各種建築、圓柱和高塔；奇異而神秘的裝飾品、服裝與禮儀；瘋狂的舞蹈、音樂和歌唱；民族的組織形式、道德戒律和宗教偶象等等，均是特定民族或文化在特定時期自身歷史狀態的象徵。惟有從這些象徵符號出發，方能理解內在於人類生命活動的深層意蘊與「無聲的語言」。

❷　《西方的沒落》上卷，頁112-113。
❸　同上，頁154。

在諸多象徵中，能够典型地代表各大文化主流精神的，史賓格勒稱之爲「基本象徵」(Prime Symbol)。基本象徵最能反映文化的總體特徵與民族性格。如古典希臘——羅馬的基本象徵爲「有限的實體」；現代西方文化則爲「無限的空間」；中國文化的基本象徵是「道」；阿拉伯文化則是「洞穴」；俄羅斯文化是「無垠的平板」；埃及文化則是一種途徑 (Way)；……正是經過對這些基本象徵的相似的類比，我們才得到了對於各大文化特徵的理解，和世界歷史的完整景觀。

所以，在這個意義上也可說，對於歷史的觀相的方法或藝術；亦就是對於象徵與基本象徵所具有的高度敏感和深刻領悟。

3. 有機的邏輯與時間的邏輯(Organic Logic & Logic of Time)

歷史的世界旣然是有機的，那麼在分析這個世界的方法，就不能是從前那種無機的因果法則和機械原理，而應是有機的邏輯。在史賓格勒看來，歷史世界中的所有事物或現象，都是有機的。像生物有機體一樣，人的存在、思想、靈魂、道德、個性及其社會關係、經濟結構、政治制度、藝術作品等等；還有與人的存在直接相融合的自然環境或自然存在，都是按有機的規律而處在生成的過程中的。它們誕生、成長、發育、成熟……最後死亡，各自以其方生方死的生命歷程，匯成了一幅人類文化斑斕紛呈的歷史景觀。

因此，觀相的形態學所使用的方法，便只能是有機的邏輯了。所謂有機的邏輯，就是用有機生命生長的自然歷程，來觀察和分析歷史現象和文化發展的性質，並依據生命的規律來揭示歷史事件的時代特徵和現實社會的未來遠景。有機的邏輯是與相似

的類比方法緊相配合的，後者是從文化間的差異或類同，來展開文化歷史的軌迹；而前者則是從文化有機體自身成長的軌迹，來推斷各文化現象的階段特徵。例如我們分析一個文化，通過與其它文化的相似的類比，便可大致確定它們的階段特徵，而根據有機的邏輯，我們便可確定這一階段的生命徵象或年齡特徵，亦卽指出它們處在或者年輕、或者成熟、或者衰老的階段，然後便可預測下一個到來的將是怎樣的時代。

　　有機的邏輯所揭示的是活生生的「生成的事物」及其發展，不像數學與因果律僅只代表了「現成的事物」及僵死的世界。一切都處在變化、發展、生成與死亡的過程中，亦卽處在歷史的過程中，惟有用有機的邏輯，方能獲得對於生成的事物與生成的規律的深刻的理解。因此，有機的邏輯也就是生成變化的邏輯，或者說，也就是時間的邏輯。

　　「系統的科學」所執著的是「空間的邏輯」，因爲在自然世界的圖景裏，一切都是現成的或已成的，沒有誕生、沒有死亡，也沒有變化。時間對於這個世界是不起作用的，一切事物都只是在空間中作純粹機械的運動。因果律嚴格來說是空間的邏輯，那種永覆往返的因果鍊條原本就是空間性的，它能展開的只是廣延、只是擴張，它只限於敍述或描述事物在因果關係中的發生，而不涉及何時發生的問題。

　　有機的邏輯卻是時間的邏輯。在史賓格勒的哲學裏，「時間」是一個舉足輕重的概念〔雖然他說不是概念而是一個詞（Word）〕。他反對康德將時間與空間看成對等範疇的觀點，康德及其他哲學家並不理解時間的眞正意義，而僅僅將其當成是現成事物的存在方式，是與事物的廣延（空間）對相應的事物的綿延

或連續性。沒有時空，事物便無法被感知。這種時間概念實際上
等於什麼也沒有說，所謂「綿延」或「連續性」，只不過是對普
通的空間概念多加了一重解釋罷了。例如我們常常將時間說成是
第四維空間。史賓格勒的時間概念與之不同，時間是一種「有機
的本質」，是生命歷程的一種內在的發現 (Discovery)。時間不
是對於事物因果系列的外在量度，而是與不可逆的生命，與人類
的歷史活動，渾然合為一體的，它就是我們自己——處在過去、
現在與將來的人類自己。而這種時間的觀念或時間的邏輯，正是
理解歷史世界及其現象必不可少的方法。

　　作為「有機的本質」的時間，不僅是有機物生成、變化和發
展過程的內在顯現，而是生命體發展方向 (Direction) ——亦卽
史賓格勒所稱「命運」的內在韻律。歷史就是有機體成長與死亡
的忠實記錄和現實經歷，亦就是那種「生命的必然性」。每一個
有機體，或每一個文化類型，都必須經由它的誕生、成長而走向
死亡。沒有永生。而且它們只能按照生成的節奏，由童年、成年
到老年這樣，一步一步地 邁過自己 生命的全部歷程。 這就是命
運，就是那種神秘的、不可言傳，只能在生活的深層體驗中發現
的歷史的 宿命。「命運看來是那 些基本歷史現 象的眞實生存模
式，在這個模式裏，有關生成的活生生的觀念直接展現在我們的
直覺面前。 所以， 命運的觀念 統轄著整 個歷史的世界圖景，…
…」❷。在史賓格勒看來，沒有那種對於「命運的必然性」深有
體會的人，絕不會有對於歷史的眞正理解。

　　時間的邏輯所包含的另一個意義，便是相對主義的方法或觀

------

❷　同上，頁121。

念。一切事物旣然被拋入到生成變化的洪流和方生方死的宿命之
中，那種絕對的存在、原則、法則、標準和眞理等等，就失去了
它們的意義。每一種思想，每一種哲學或每一個「眞理」，都只
是一定文化時代的產物，隨著文化時代的變遷，它們都有著必死
的命運。思想、眞理或一切其它什麼東西的「不朽」，都只能是
一種幻想。因而眞正歷史的觀相學方法，鄙棄那種絕對原則或眞
理的概念，毋寧使用歷史的「事實」概念，來分析歷史的現實過
程，亦卽將歷史現象看成獨特的個案，來分析具體文化現象的獨
立個性和深層特徵。

　　所以，史賓格勒認爲，那種傳統的「眞理」信念是無時間的
和反歷史的。「而對於眞正的歷史視界來說，重要的或根本的標
誌不是『正確』和『謬誤』，而是『深刻』與『膚淺』……」。
也正是在這個意義上，史氏進一步聲明：「自然可以通過科學被
認知，而歷史則通過藝術的方式才能被體認」❷。

　　以上三個方面，生活其中，相似的類比和有機的邏輯，構成
了「觀相的形態學方法」的基本內容，也構成了史賓格勒歷史哲
學的方法論基礎。通過對此方法論的了解，我們會發現史賓格勒
的方法論與其歷史世界的本體論是緊密聯繫在一起的。他幾乎完
全背離了傳統哲學及近代科學的方法論，而創造了一套屬於他自
己的獨特方法。也許，惟有循著他的方法系統，才能理解他的
「歷史世界」或「世界歷史」。而且我相信通過了解史賓格勒在本體
論和方法論中所竭力進行的變革及其含意，亦能幫助讀者進一步
了解整個二十世紀西方哲學(至少是歐洲大陸哲學)的基本精神。

---

❷　同上，頁96。

正如史賓格勒自己所說：「在我的眼前，彷彿浮現出一種真正屬於西方——既非古典的亦非其它任何文化的、我們自己的——靈魂的、迄今未曾被想像過的有關高級歷史文化研究模式。這是一種關於所有存在的觀相學，一種有關正在走向最高和最終理念的所有人類的生成的形態學；同是也是一種責任，去洞察我們自己乃至所有那些蘊含著巨大潛勢並已在現實中展現了這種潛勢的其它偉大文化之靈魂的『世界感受』（World-feeling）。這種哲學觀……含示著一種藝術家的眼光：它能感受到整個可以感覺和理解的環境，正消解於一種無限深層的神秘關係之中。但丁感受到了，歌德也感受到了。……每一個時代、每一個偉人、每一個城市、國家、語言、藝術以及神靈，每一曾經存在或將會存在的事物，都是具有高度象徵意義的觀相特徵，這正是我們——作為『人類評判者』——所必須闡釋的東西……因此無論如何，研究世界生成變化的觀相學，將成為『浮士德時代』的最後一種哲學」❷❸。

通過上述有關「歷史世界」與「觀相方法」的介紹和分析，也許會給人造成一種印象，覺得史賓格勒對於自然世界和科學方法是否排斥得過於絕對了。其實不然，史賓格勒並不排斥自然世界和科學方法的存在與作用，他所反對並竭力批評的，是用外在自然的絕對本質來統攝一切現象的傳統形而上學，和以某種科學定律或體系來解釋一切並排斥其它所有方法的獨斷論傾向。自然的事物是存在的，但是不能說一切存在都是自然的事物。而且說人和石頭具有相同的本質，這未免有些太霸道了吧。同樣，科學

---

❷❸　同上，頁159-160。

的方法是有效的，但是不能說它就是唯一的方法，或唯一的眞理。如果有人堅持要用數學的公理去追求愛情，豈不是有些荒唐嗎？所以，史賓格勒發現的，是「自然與歷史的對立」，傳統理性僅僅承認一個大一統的自然世界，而史賓格勒卻強調，在自然的世界之外，還存在著一個依據完全不同的方式存在和運行的歷史世界。這也卽是說，史賓格勒不會否認，在歷史的世界之外，還有一個自然的世界。

　　史賓格勒認爲，自然與歷史、現成與生成、無機與有機、僵死與生命、因果與命運、空間與時間等等，在人類意識及其生理中，是相互對立而又交織在一起的。它們各自構築著對於世界的秩序安排，並不斷爭奪著對於世界圖象的解釋權。它們在生活中實際上是相互轉換的，就像白天與黑夜，生命與死亡一樣。而不像有些人想像的那樣，兩者是互相排斥的。在以後的分析中我們也將看到，自然與歷史兩個世界的對立和交融，也是史賓格勒用以闡述文化和歷史現象的基本觀點之一。正是所有上述相反相成的因素，形成了人類文化及其歷史燦爛而又悲壯的場景。

　　這豈不是一種二元論嗎？確實有人將史賓格勒的哲學看成二元論哲學。但是我以爲，如果按照日常的觀念，說史賓格勒是二元論未嘗不可，因爲他確實承認自然與歷史的對立與共存。而如果按照嚴格意義上的哲學二元論，則不能說他是二元論，因爲嚴格意義上的二元論，是將兩種世界本原，看成是互不相干而獨立自存的本質（如笛卡兒的身心二元論）。史賓格勒並沒有將自然與歷史看成是兩種並不相干的世界本源，而且它們之間的對立，亦是人類「醒覺意識」發展的結果，在現實中，並沒有表現爲這種外在的對立。再說，史賓格勒最終所要建立的，是一種完整的

歷史世界的圖景。雖說他沒有否定自然世界和科學方法的存在和作用，但是至少在他的世界圖景中，所有那些屬於自然世界的性質，都將隸屬於歷史世界的性質。在史賓格勒看來，歷史之於自然，命運之於因果，時間之於空間，生成之於現成……是更爲基本的東西，或世界的更爲深刻的本質所在。

因此，我們可以這樣來理解史賓格勒的形而上學；他所構造的，是一個歷史的世界，是一個本質上生成的世界，但也是一個包含了自然在內的完整世界。換句話說，在生命發展的完整歷史中，世界會表現爲二元的性質 —— 自然與歷史、現成與生成等等，歷史事實上就是在這二元的對立和交互作用中頻頻展開的。正像黑格爾的正題與反題構成了「絕對觀念」不辯證運動那樣。也正是在這個意義上，我們才說史賓格勒創造的是一種歷史哲學或歷史文化哲學——即以人類活動或人類活動的性質爲基點去詮釋整個世界的 形而上學； 而不是那種 自然——歷 史的二元論哲學。

明白了這一點，對於往後展開並理解史賓格勒的全部文化歷史理論會有很大裨益，因爲在他的著述裏，那種貌似二元論的陳述常會給人如墜五里霧中的困惑。

這就是德國哲學的「酸果」的「德性」。

這也是爲什麼我要特別對此作出說明的原因。

第三章 文化的誕生或歷史的起源

文化是誕生的或生成的？

史賓格勒的具體文化歷史理論，便是以這文化誕生的故事講起的。

這就是「大宇宙」(Cosmic) 與「小宇宙」(Microcosm) 的理論。「大宇宙」與「小宇宙」的原理，也可看成是史賓格勒展開其文化歷史觀的基礎和起點。

「當你看著黃昏的鮮花，在西沉的夕陽映照之下，一朵接著一朵地閉闔，便會引起一種奇異的感受——一種對於這些紮根於泥土之中的、渾沌矇昧和生生如夢之存在的莫名恐懼。無聲的森林，靜寂的原野，低臥的灌木與高懸的嫩枝，它們的搖曳與低吟，並非來自本身的動彈，而是來自微風的戲謔。惟有那小小的飛蟲是自由的——它可以在金色的傍晚自在地輕歌曼舞；亦可以飛往它願去的地方」。

「植物的存在不是自立自足的。它只是『景觀』(Landscape) 的一個組成部分，亦只是由於某種機緣的巧合才得以生根成長的。夕照、風寒及花朵的閉闔——它們既不是因果，也不是危

險，更不是對於危險的回應。它們只是單純的自然進程，這進程是環繞著、伴隨著植物並內在於植物之中而達到自我完成的。植物個體不享有自我觀照、自我意志或自我選擇的自由」。

「相反，動物則可以選擇。蜜蜂嗡嗡地翩翩起舞，小鳥孤獨地在晚霞中飛翔，狐狸悄悄地潛近雀巢——這就是大千世界中，屬於動物自己的小小世界。水滴中的微生物，小得肉眼看不見，生命只持續一秒鐘，並且只以水滴之一角爲其生活的場所——但是面對茫茫浩宇，它卻是自由獨立的。不似那巨大的橡樹，一無自由，盡管它的葉梢可以懸掛無數的露珠」❶。

「在動物產生之前，世界僅只是單純的『大宇宙』，或者說，世界僅只由『大宇宙』一類的東西所組成。這是一個混沌、本然和自在的世界，一切存在都只是按照它們原本如此的方式生存著，變化著或消失著的。沒有也不需要自由與選擇，沒有也不需要意志與創造，一如植物的存在特性，盡只是單純的『生成』與生命」。

「隨著動物的產生，由那單純的『大宇宙』中，生出了另一個與自身正相對立的『小宇宙』。那些屬於『小宇宙』的存在——廻旋起舞的蜜蜂，空中展翅的小鳥，四處尋覓的狐狸——卻以完全不同的方式生存著、抗爭著。它們生來就是自由的，並不能嘗試著要擴展自己的自由。世界由此而生成了意志、意識和創造，並成爲由『大宇宙』和『小宇宙』組合而成的二元世界」。

史賓格勒就這樣將世界區分爲「大宇宙」與「小宇宙」兩個部分，並將它們分別歸結爲植物與動物兩種不同的生存本質。他

---

❶　《西方的沒落》下卷，頁 3。

說：「植物是大宇宙一類的東西，而動物則除此以外還是與大宇宙關聯的小宇宙」❷。 植物是單純的、被動的存在，它們本身是沒有期待、希冀或選擇自由的，它們僅僅是形成景色的一部分。而動物則 能够選擇， 它們是置身於 大宇宙中自 由而獨立的小宇宙。

因此，「拘役和自由，就最終與最深刻的意義而論，是我們藉以鑒別植物實存與動物實存的基本特徵。植物根本就是它原本就是的存在；而動物的存有，則包含了某種雙重的成分。植物僅僅是植物； 動物則既 是植物， 又是具有別種性質的東西」。 例如，「面臨危險族擁一團並驚恐戰抖的畜羣；偎貼母親懷抱哭泣不已的幼孩；乞求上帝以求解脫的絕望的成人——所有這些， 都是企圖以自由的生命，重新回歸到植物性的拘役中去，而它們本就是由這拘役 中解放出來 並獲得個 性與獨立的」❸。 這也就是說，作為動物進化之高級形態的人類，是大宇宙與小宇宙這兩種生命性質的雙重存在。我們還將看到， 這雙重性質同樣是構成歷史與文化十分深刻的內在要素。

通過顯微鏡，我們發現植物花中的種子總是由兩片殼葉包裹著。這些殼葉蘊育並保護著那些剛剛破土而見陽光的幼苗。帶著生命週期或繁殖藩衍的器官和未來的根柢，那些幼苗還顯示了，它們將再次成為景觀一部分的不可更改的命運。動物的情形則相反， 受精卵作為獨立個體的生成， 一開始 便自己製 造了一層外殼，將那內在的生命與藩衍的植物性組織包裹起來，並使之與母體及大千世 界隔離開來。 這一外殼便象 徵着動物存 有的本質特

---

❷　同上，頁４。
❸　同上，頁３。

徵，以及生命世界兩種形態——大宇宙與小宇宙——的根本區別。

一切大宇宙的東西均有週期性 (Periodicity)的特點，表現爲史賓格勒所謂節奏 (Rhythm, Beat)。「大宇宙的節奏是可以用方向 (Direction)、時間、節拍、命運、渴望(Longing)這些字眼解釋其意義的萬事萬物——以一隊駿馬和蹄聲和傲然前進的士兵的沉重步伐，到一雙情侶默默無言的情誼、使社交集會高尚的被感覺到的機智，以及我曾在本書中提過的『人的評判者』(Dudge of Men) 那種銳敏的、迅速的判斷」❹等等。這種節奏表現了大宇宙或植物存有的內在特徵。

一切小宇宙的東西則具有極性或向性 (Polarity)，它們的特點是「緊張」(Tension)。不僅是緊張的注意和緊張的思維，而且是所有醒覺狀態的存在因素，都具有緊張的特性。由於生命世界的小宇宙方面，「感覺與對象，我和你，原因與結果，事物與屬性——在這些對立物中的每一對之間都存在著張力或緊張的關係」❺，因此，小宇宙（或稱醒覺的狀態）在本質上都是緊張的。

一方面是週期性和節奏，構成了一切生命「生成——死亡——再生」過程的自然本質，它亦組成了生命世界的現實背景和自然景觀。另一方面是極性與緊張，構成了一切動物生命自由選擇和自我擴展的生存方式與醒覺狀態。而這兩個方面的共存與對立，又構成了全部生命世界的現實性基礎。

在史賓格勒看來，大宇宙的東西及其存在，也是人類生活成其爲整體和確定性的基礎，以及人類意識（經驗）的知覺和感覺

❹　同上，頁 4。
❺　同上，頁 4。

基礎。而小宇宙則是人類生活富有個性和特殊創造性的一面，是人類意識通過情感和思維而咨意爭取超越性的自由性格。人，就是集大宇宙和小宇宙於一身的雙重存在。在人的身上，具備了大宇宙存在的兩種器官，血液系統和性器官；還具備了小宇宙可動性的兩種區別器官，感官和神經。而且，「我們必須設定，早在人類產生的時候，整個人體便已同時長成了週期性的和感知性的器官」❻。

　　「血液對人類來說是生命的象徵。它不停地流動著，從出生到死亡，從母親的體內流進嬰兒的身體，從早晨甦醒到夜間入睡……從不間歇，一無止境。祖先的血液流過後代的子子孫孫，把他們聯結成由命運、節奏和時間構成的巨大鏈鎖。最初，這只是由循環的分化 再分化和永遠更新的 分化過程來 完成的，直到最後，出現了一種性生殖的特殊器官，性器官便剎那間成了藩衍的象徵」❼。通過血液的傳遞與兩性的交媾而達成的生命綿延和永恒循環，這是有關生命現象最爲深刻的秘密。人類何以能够通過性器官的接觸便完成生命的傳承；這種紮根於人體之中的植物性器官又如何驅使人們藩衍自身，以使生命超出有限的自我而進入無限的循環；再有，那種深沉的脈搏的節奏，又是如何通過分離的靈魂而連續運行的……這種生命之謎，多少年來都是宗教神話和騷人墨客們欲加洞悉的主題。血液象徵著個人過去、現在和未來的內在淵源，亦象徵著人類歷史由誕生到終結的最爲深沉或最爲基本的紐帶。它是那樣深沉地內在於每一個生命中，乃至於任何理性或實驗的認知手段都無法眞正地描述、感覺或把握它，而

---

❻　同上，頁5。
❼　同上。

惟有沉澱於滾滾熱血和意識潛流之中的內在感受，才能體驗到來
自血緣紐帶的那種時而溫柔、時而激烈，時而平靜和時而瘋狂的
內心震盪。

　　相反，感官和神經則通過「知覺」（Sense）來建立自身與外
在世界或外在環境的現實關係，並顯示自身為小宇宙的「醒覺的
存在」。人的知覺系統來自動物的簡單知覺。最初是觸覺，動物
只是運用自己的身體接觸外部而獲某種有關世界或其它存在的感
覺。隨之是嗅覺、聽覺，動物開始以自己的感官去知覺那個置身
其中的世界，以及自己在裏面的處境和地位。最後，眼睛誕生
了，同時便誕生了由視覺而建立「光的世界」。這是混沌的生命
邁向真正屬人的生命的具有決定意義的一步。通過眼睛或視覺而
顯現的光的世界，使得人間的所有現象都展示出自己的本來面
目：根據顏色和光反射，距離產生了；有了白天與黑夜，事物及
其運動在充滿光亮的空間中成了可見的現象；遙遠的繁星環繞著
地球；還有個人生活所能展延的遠超出身體範圍的光的視界……
……。

　　「在這光的世界裏──此所謂光不是科學在間接推論中運用
的精神術語，而是經由視覺而直接閃現的──通過眼睛的視線，
人類驚異於這個小小地球的面貌，以及顯露在光照下的環境（如
沒過埃及和墨西哥的南來的洪水與洪水過後的昏暗的北方），是
如何決定了他們的整個生活的。為了自己的眼睛，人類創造了建
築的奇迹，在那裏觸覺式的結構因素如今變換成了視覺式的造
型。宗教、藝術、思想，都在光的世界裏產生了，一切的差別如
今也都集中到一點上，即它們是否展現在肉眼或心眼的前面」❽。

------

❽ 同上，頁7。

　　通過知覺系統的發展，和最終由眼睛（視覺）而發現的光的
世界，人類獲得了精神和能思維的心靈，並從拘役的植物狀態中
解放了出來，成爲孤獨的個人和自由的主體。

　　就這樣，大宇宙和小宇宙便在人的身上實現爲兩種不同的存
在：存在（Dasein）和醒覺存在（Wachsein）。「存在具有節奏
和方向，而醒覺意識則是緊張和擴張。存在僅僅服從於命運，而
醒覺意識則區別原因和結果。前者的問題是『何時與何以』，後
者的問題是『何地與如何』」❾。

　　大宇宙的東西（如植物）是無意識或非醒覺的存在，它們按
照生命的節奏持續綿延，只知道何時與何以的關係。例如初生的
綠芽從寒冷的大地中滋生出來，蓓蕾的飽滿、百花怒放、香氣馥
郁、爭奇鬥艷和瓜熟蒂落的全部有力的過程——這一切都是實現
一種命運的願望，都是對於何時的經常的渴望。「何地」對於植
物性的存在是毫無意義的，而對於自由活動的醒覺存在卻是舉足
輕重的，他每時每刻都面臨著重新抉擇自己對於世界所抱有的意
向。存在的脈動是世代相傳的；而醒覺的意識對於每一個小宇宙
來說都是要重新開始的，因此前者是生殖與延續，後者則是誕生
與開端。而兩者的對立與統一，便構成了和諧的生命整體。

　　那麼同是小宇宙的存在，人又是怎樣以動物中脫穎而出的
呢？動物也有眼睛，但光的世界對於動物來說，只是與其他知覺
——如聲音、嗅味和觸摸的世界等——相並列的世界而已。視覺
在動物知覺系統中沒有明顯的特殊地位。但是人類卻不同，自從有
了光的世界，眼睛和視覺便一下子在人類身上成了具有決定意義

---

❾　同上。

的感官和知覺，所有其它的官能都下降或退化到了從屬的或十分次要的地位。人通過眼睛攝取幾乎全部的外部信息。而且，動物通過視覺僅僅看到了什麼，因爲它們仍然依靠嗅覺聞到什麼或依靠聽覺聽到了什麼。人卻沒有與視覺同樣敏銳的其他官能，而必須用視覺去彌補甚至替代例如嗅覺或聽覺的不足。這就產生了最初的抽象和統覺，以及「理解」的意味。人可以通過眼睛而間接地看到聲音和看到氣味——通過經驗（與視覺緊密相關經驗）和推斷。因此，在史賓格勒的觀念裏，光的世界的產生或發現，是醒覺意識或人類作爲醒覺存在而誕生的決定性的里程碑。

人類是在光的世界裏誕生的。人類醒覺意識不再僅僅是身體和環境之間的一種「緊張」，而且還是一種置身於自我限定的光之世界中的生命活動。身體在可見的光亮中運動，並將自己的內在經驗由光源中心——即稱爲「我」的那個基點——拋入可見的「間距」或距離之中。「我」作爲一種光的概念出現了，並成爲生活或生命的根本因素。

「我」的生命本質正卽是陽光下的生命，而夜晚則與死亡相關聯。由此而產生了一種新的恐懼——對於黑暗或不可見事物的恐懼。任何未經眼睛在光亮中加以驗證的事物或僅以其它知覺器官所感知的現象，都會引起人的恐懼感。這種對於不可見現象的恐懼，正是人類宗教的本質和表徵所在。一個「不可見的」上帝的觀念，成了人類超渡的最高概念：在那光的世界的邊緣，存在著一個彼岸世界，在那裏，獲救 (Salvation)，卽意味由著光的世界及其事實的魔力中解放出來❿。除了上帝之外，惟有音樂能使

---

❿　參見《西方的沒落》下卷，頁8-9；上卷，頁172。

我們從光的統治下暫時地解脫出來，享受一下屬於過去或原始自然的「耳的世界」。

「我」與其他人或事物在陽光下被區分了開來，這就產生了表達知覺；交流情感和溝通思想的需求——語言便應運而生了。語言是聯結人與人之間、不同的眼睛或視覺影像之間的橋樑和媒介。人的語言不同於動物的發聲信號，詞和詞的連接構成了一個光的觀念的內在結構。每一個詞義都具有光的意蘊，即便是諸如「旋律」、「滋味」、「寒冷」那樣的詞或者其它的抽象概念，也都是與視覺印象、視覺經驗緊密相關的。通過語言的發展，人的「純粹的感覺」上昇爲「理解的感覺」，亦即以純粹的官能反映轉變爲對於官能反映的理解。由此，和語言發展同步並具有同等重要意義的事情，便表現爲理解從純粹的知覺或直接的感覺經驗中解脫出來。這種從知覺中獨立出來的理解，便是人們稱之爲「思想」的東西。

由於長期的經驗沉積，原本作爲可見事物名稱的詞，漸漸剔除了自身可知覺的印象成份，而變成思維或精神對象的符號——「概念」。「人們開始相信，通過內在之眼洞悉事物的實在本質並不是不可能的。從概念到概念，最終於心靈深處建造起一座透徹明亮的、巨大的思想大廈」❸。

隨著理論思維的發展，不可避免地會產生一種新的衝突，亦即存在與醒覺存在之間的衝突。在動物的小宇宙裏，意識僅僅作爲存在的奴僕，並與存在和諧組成一個生命的整體。動物只是單純地生活著，而不會反觀這種生活。相反，一方面由於眼睛或視

---

❸　《西方的沒落》下卷，頁10。

覺的無條件的統治地位，使得生命在光照下呈現爲可見的生命實體；另一方面，當理解同話語相結合時，便形成了思想的概念，和有關生命的對立概念，並且將生命區分爲本眞的生命和可能的生命。於是，思想與行動之間的對立，取代了原本直接而單純的生活，並成爲人類生活的現實選擇。除此而外，思想和感覺、悟性與理性、眞理與事實、空間與時間、節奏與緊張等等，均成了存在與醒覺存在、大宇宙與小宇宙之間在現實和意識中的堅執對立。而「成熟了的人類的全部歷史及其現象，都是在這樣的對立中形成的，文化所採取的形式愈高級，這種對立在其有意識存在中的重要時刻就愈起著充分的支配作用」**⓬**。

　　總之，人類是由於眼才發展起來，才眞正由單純的大宇宙中釋放出來，而生成爲醒覺存在和文化存在。人類從此便在一個自我映照的光的世界中生活，他看到了自己的身體、周圍的草木和遙遠的星辰。從感覺到經驗、從悟性、思想到理性，人類醒覺意識不斷地活動著、發展著，並創造着自己的文化成果。直到最後，光亮映襯出死亡……「那時，也只有那時，生活才成爲生與死之間一段短暫的時間，關於生的另一神秘──種的藩衍──也才在對死的關係上出現。也只有到了那個時候，動物對於一切事物的無端的恐懼，才變成了人類對於死亡的明確的恐懼。這種情形使得男女之愛、母子之情、世系家庭和民族種羣，最後還有世界歷史本身，因此而成爲宿命的無限深刻的事實和問題的現有樣式。死是每一個生在光中的人類的共同歸宿，對死，有關於罪惡與懲罰的觀念，有生存是一種贖罪的觀念，有這一光的世界之外

⓬　同上，頁11。

的新的生活的觀念，有結束對死的恐懼的超渡的觀念。在關於死
的知識中，產生了文化和我們作爲人類而非魚類的世界概觀」[13]。
大宇宙與小宇宙，存在與醒覺存在，拘役與自由等等，最終卽是
在死亡的原點上達成和諧的。

　　因而歸根結底，人作爲大宇宙中誕生的小宇宙，必須依賴於
自身的繁衍與存在，並最終復歸於大宇宙運行的宿命之中。作爲
小宇宙的醒覺的存在，人類可以並已經在空間中創造和擴展著自
己的生活方式（文化、歷史、文明等等），但是最終他仍不能逃
避時間的流程，匯入生與死的延續之中，

　　因此，在史賓格勒看來，大宇宙的存在是決定性的，是人類
文化發生和發展背面的神秘動力。人類盡可以發揮其無窮的創造
力和想象力，盡可以選擇其文化樣式和生活途徑，但是最終，他
還是依存於大宇宙運行的不可違背的命運。

　　這就是史賓格勒有關大宇宙和小宇宙的故事。在這個故事
裏，作者構思了有關人類產生的精彩情節。往後我們還會進一步
看到，史賓格勒的全部文化歷史觀念，皆繫於這一形而上學的出
發點，並由此而推出了歷史和文化發生、發展及其終結的完整理
論。

　　　　※　　　　※　　　　※　　　　※　　　　※

　　文化的起源或發生，也許是一個永無解答的斯芬克思之謎。
但是卽使如此，人類意識和理性卻始終未曾停止過對它的刻意追
索。在那蠻荒原始的大地上，在那洪流漫捲的大河旁，在那冰封
雪蓋的叢嶺中，爲什麼會誕生出這樣一羣具有特殊智慧、深切情

---

[13]　同上，頁16。

感和創造技能的人類？究竟是一種什麼樣的契機，使得人類成長為金字塔、萬里長城以及所有文化的創造者？

上帝創世的 宗教神話， 是人類對於 自身及文化起源之謎的最初解答。 每一個民族， 每一種文化， 都有自己獨 特的關於上帝創世的神話傳說。 是一種超越人類力量的神靈， 賜給了人類以生命、 智慧和力量， 並為人們規定了行為的准則和道 德的規範，使人類變成了不同於獸類的文化的存在。這種觀念在達爾文 (Darwin， 1809-1882) 的物種進化理論創立之前，始終是關於人類和文化起源的權威界說。

達爾文的進化理論，認為人類是生物種類長期進化的產物。在遙遠的過去， 生物便開始了漫長的進化過程。 首先是適應環境,無論是水生、陸生或兩棲動物，都必須是周圍環境的適應者，「適者生存」， 不適者便遭淘汰。另一方面便是生存競爭，在同樣和有限的環境資源條件下，所有物種都必須在利用資源的活動中占據優勢，才能獲得足以維持生存的有效資源。因而，在生存競爭中占優勢的物種遺留下來了，敗劣者則被淘汰了。而為了適應環境和生存競爭，各種生物便隨着環境的需要，改變着自己的生存方式和生理特徵（如飛行的翅膀、敏銳的知覺器官、外表的顏色等等）。由於成功的效用和強化地運用，某些特殊的器官和技能便特別地發達和發展起來，最終便超越了原先物種的水平而進化為新的物種。這就是「用進廢退」的現象。

這種科學的進化理論，無疑是對「神創論」的致命打擊。進化論很快就被應用到文化起源的新興理論中，如馬克思「勞動創造人」的理論以及所謂的唯物史觀； 摩爾根 (Morgan， 1818-1881)、泰勒 (Tylor， 1832-1917)等的以進化論為基本原理的文

化人類學，乃至柏格森的創化論哲學，都不同程度地從不同的角度，用進化的觀念來解釋人類的歷史與文化的起源。史賓格勒亦正生活在這個進化理論占統治地位的時代。

按照進化論的觀點，人類是自然界或生物發展進化的產物。「從猿到人」，這是當時十分流行的命題。爲了在生存競爭中與其它動物相匹敵，爲了更好地適應不斷變化的環境，爲了更有效地利用有限的資源，人類破天荒地發明了工具，並在創造性地運用工具的過程中，獲得了超越其它動物的優勢。另一方面，由於人類在體態和體力上都要比許多動物纖弱，故而他們以羣居的方式來聚集眾人的力量，以抵禦各種來自自然和獸類的威脅──由此而形成了人類的族類本質或社會本質。羣集性(社會性)的、使用工具的生產活動，成了「從猿到人」和文化誕生的進化標誌。

根據當時的進化理論，物種的進化，是緩緩地由低級向高級循序漸進的過程。文化的進化也是同樣，人們爲了適應當時當地的自然環境和獲得物質生活資料，在長期的生存鬪爭中逐漸形成或創造出一些特殊的生產方式和生活方式。慢慢地，由於這些方式在實際運用中被反覆證明是有效的和優越的，便被那些羣體認定爲一整套固定的模式，並通過教育而成爲世代傳承的傳統。這就是文化模式形成的過程。隨着周圍環境的變化，隨着人們在生活中的新的創造，也許還隨着與其它鄰近文化種羣的交通和接觸等等，原先的文化狀態或生活方式便會發生矛盾、衝突乃至危機。這時候某種新的文化因素便會慢慢成長起來，人們便會尋求新的適應機制和新的生活方式。又經過若干時間的綿延，這種新的方式或者通過和平演變、或者通過暴力革命的途徑而占據了統治地位，便產生了新的文化，或者說，文化進入了更爲高級的階

段。這就是文化進化的過程。

這種關於人類文化起源、發展和進步的觀念，可以說至今還在學術界占有很大的市場，因為那些進化論的反對者們，終究拿不出足夠充分的材料，來徹底推翻進化論的全部結論，而且，也始終沒有一個人或一種理論，能以足夠的證明和雄辯取代進化論的地位。但是話要說回來，如今的進化論，畢竟已失去了當年那種獨霸全局的勢頭，它的許多結論，也已被新一代的學者所作的研究推翻。在今天的情形下，如果有誰對進化論提出責問或異議，實在要算是最最平常的事了。然而在九十年前，能膽敢對進化論提出批評和挑戰的，我想應該是堪稱「勇士」的了。

史賓格勒就是當時罕見的「勇士」之一。

史賓格勒指出，迄今為止所有的關於生命與文化起源的解釋，始終局限於達爾文的「物種起源」理論。這種理論是屬於「英國思維方式」的產物。它們用貌似科學的機械論，根據「啟蒙運動」以來普通流行的「實用原則」或「功利主義」，創造了一套循序漸進的進化觀念。而「與十九世紀相對，二十世紀有關理論的發展特徵，就在於推翻這種起始於巴洛克 (Baroque) 時代理性主義的膚淺的『因果系統』，而代之以純粹的『觀相學』」❶。

史賓格勒認為，進化論所描繪的有關生命是朝著某一目的，通過適應性的增長而不能進步的理想圖景，實在是一種十分膚淺的觀念。對於生物漸變而不斷進步的理論，「古生物學」所提供的材料是最好的反駁。按照進化論，化石所反映的樣本或古生物的種類特性，應能代表生物進化的各個階段——包括過渡階段在

---

❶ 同上，頁31。

內。但是在所有的化石標本中，迄今未有發現那些沒有確定的形態，也不屬於確定種類的「過渡性」生物類型。沒有這些過渡類型，我們何以能證明，進化是由一種生物到更爲高級的生物類型逐漸演變的過程？從古生物化石的分析中，我們還發現那些生物種類一旦形成，便以某種固定的形式存在下來，這些形式雖然經歷了成千上萬年的繁殖與生存，卻沒有發生什麼形體或性質的明顯變異。它們也沒有按照適應性原則使自己進化爲新的物種，而是在某一特定的時刻突然地滅絕了。或者繼續存在下來，至今仍然是原來的樣子。根據這樣的事實，我們又何以能夠說明，在低等生物與高等動物就一定存在着進化式演變的親緣關係？

　　因此，史賓格勒認爲，事實恰與進化論所描述的相反，物種的起源是突然發生的，而且一開始便形成了確定的形態。此後，它們或者逐漸消失，或者長期延存下來，其間並非完全決定於「適應」或「不適應」的因素。因爲每一種類的生物，只要它誕生出來，就一定是適應它生於其中的環境的。除非某種意外介入的災異變故，它總是一如既往地根據自身生命的特性而持續其生存，直到生命的週期自然地令它走向衰老與死亡。「生存競爭」固然可以理解爲生物生存的一種狀態或方式，但卻不是決定生物結構及其變異的根本原因。如果生物的存在僅僅取決於生存競爭中的勝敗優劣，那麼當獅子產生之後，就不應再有兔子；當鳥類產生之後，就不該再有昆蟲……所有這些進化論的解說看來都是缺乏根據的。在史賓格勒，決定生命現象誕生與否的那一刹那，完全是由生命世界本身的「命運」所掌握的。正是這種神秘的和不可思議的「命運」，「引起了生命之爲生命──包括植物與動物間趨於尖銳的對立──的每一簡單形態，每一類和種的產

生」❶。

　　「至於人類；洪水時代 (Diluvial Age) 的發現越來越明確
地顯示了，當時的人類與現代人比較，沒有哪怕是最細微的進化
特徵，以表明人類已經進化爲更加功利主義的『適應性種類』。而
在地質學第三紀的發現中，卻始終沒有得到人類存在的證據，這
也越來越清楚地表明了，人類這種生命形式，與其它各種生命形
式一樣，都是起源於一種突變。至於這種突變(Mutation)『來自
何處』，『如何發生』和『爲何發生』的問題，則將永遠是不得
洞穿的奧秘」❶。假如確實存在着英國人達爾文之進化，那麼世
界上就只會存在一些簡單的地表物質，和在生存競爭中留下的唯
一的生命形式。但是我們所見的一切材料，都說明在植物與動物
的世界裏，曾經發生過一些深邃而突然的變化，這些變化絕不是
我們依靠簡單的因果觀念所能理解的。「同樣地，我們也發現，
急遽而深刻的變化自動地發生在各大文化的歷史中，而並不依賴
於任何確定的原因 、影響和目的。哥德式與金字塔的形式， 是
突然地呈現爲完滿的存在的，就像秦始皇時代的中華帝國，奧古
斯都時代的羅馬帝國， 還有雅典文化、佛教和伊斯蘭的出現一樣
突然。這種情形同樣發生於每一個體人生的事件中，一個人如果
不懂 得這一點， 便是對人事一無所知， 連兒童都不如。 每一存
在， 無論是行動的還是沉思的存在，都是在某一特定的時刻──
可稱其爲『紀元』(Epoch)── 突然地進入自我完成的境地的，
我們還可以在太 陽系和恒星世 界的歷史中， 設定出同樣的 『紀
元』來。 地球的產生、 生命的起源以及自由動物的誕生， 都是

─────────────

❶　　同上，頁32。

❶　　同上。

第三章　文化的誕生或歷史的起源　**73**

這樣的一種瞬間或紀元，或者——我們只能接受而不能理解的神秘」❼。

　　通常我們都將人類的發展分爲兩大時期；「冰河期」開始形成的「原始文化」時期，和在尼羅河與幼發拉底河畔始源的「高級文化」時期。這兩個時期的人類生活，表現了它的完全不同的形態和意義。在所謂原始文化時期，只有大宇宙的直接運動，小宇宙還沒有甦醒而成長爲醒覺的存在，當時所具有的原始的風俗、神話、技術和裝飾品等等，也都表現出一種混沌零亂的狀態。在史賓格勒看來，這種原始文化還不是一個有機體，它固然也具有一些微小的變化，但至多只是一種自然的變化，而非文化本身的進步。相反，在高級文化時期，作爲小宇宙的醒覺存在起而成爲整個人類生活的主導力量，它將所有文化現象組織得井然有序，成爲一個有機的整體，並使得風俗、神話、藝術、理論等等都服從於一個共同的目標。在這兩個截然不同的文化時期，和兩個截然不同的人類形態之間，我們也沒有發現任何過渡的或中間的時期和狀態。在兩河流域的洪水時期，突然崛起了完全不同於原始時期的高級文化——埃及與巴比倫的文化。而在非洲邊遠地區，我們發現那些原始文化羣落的遺存，仍然以其固有的方式生活在遠離高級文明的區域，也並沒有「進化」爲高級文化類型。因此至少，那種相信高級文化是由低級文化漸漸進化而來，和文化發展是一個沒有間斷的過程的觀念，是不能被證明的。

　　而相反，事實更多地表明了，文化的產生和變異，是一種偶然的和突發的歷史事件。「各大文化……在歷史的洪流中完成了

---

❼　同上。

自身的波浪式循環。它們突然地產生，接着湧起美妙的浪潮，然後平伏下去，直到最終消失——水面回復爲一片死寂」⑱。

正是在這波瀾起伏的神秘中，文化突然間誕生了。

正是在某個神秘的時刻——「當一個偉大的靈魂，從人類原始精神的長久童稚狀態中覺醒過來，並使自身擺脫了原始矇昧的狀態，亦卽以無形式變爲形式，從無界與永生變爲有限與會死的存在，這時，文化便誕生了」⑲。

也正是隨着這個時刻的到來，相繼崛起了埃及文化、巴比倫文化、印度文化、中國文化、希臘——羅馬文化、阿拉伯文化、馬雅（墨西哥）文化和現代西方（歐洲）文化等八大文化。史賓格勒認爲，這八大文化是在不同地區，在互相沒有任何交流和影響的情況下，突然間誕生，並實現爲「高級文化」類型的。而且，根據所有這些文化發展的歷史資料來看，當它們一經產生的時候起，就已具備了現代人類和文化社會所具有的基本特徵。如社會組織形式、生平和交往方式、政治和國家形態以及道德、法律、宗教、藝術、哲學等一切精神活動及其成果，從本質上觀之，都與現代社會的模式沒有什麼重大的差別。從這個意義上說，人類文化自從它產生之後，便完成了自身結構的整體造型，從此便是進一步完成其發育的過程而已⑳，並不存在什麼進化論

---

⑱　同上，上卷，頁106。

⑲　同上。

⑳　這也就像人的成長一樣，當嬰兒脫離母胎而出現在這世界上的時候，便已完成了人體及其結構的基本構造，這些基本構造是不會隨着人的發育成長而有什麼質的變化乃至「進化」的。人體或人格的發展或成長，實際是使人的內在潛力或潛能不斷發揮和實現出來的過程，而並不是爲適應環境而迫使自己的生理和精神結構發生變化成「進化」的過程。

者或自文藝復興運動之後流行的「浪漫主義」所信仰的「人類進
步」、「社會進化」和本質上的「文化變革」。通觀這八大文化
的歷史，足以證明文化起源或誕生，不是進化論或所有的進化論
為基本原理的其它理論所描繪的那樣，是一個通過適應性發展而
由低級向高級逐漸進化的過程。文化是突然間，一下子誕生的。
而文化誕生的根本標誌便是靈魂的醒覺。

　　又是什麼樣的契機，使得靈魂從長久的沉睡中猛醒過來，而
成長為文化及其精神？史賓格勒認為這個問題是無法回答的，這
將是一個永恆的秘密，我們至多只能描繪出文化誕生的基本徵
象，卻永遠無從解答為什麼，會在這原本混沌自然的土地上，驀
然聳立起如此雄偉的人類文化。

　　也許這一切，都只能是神秘的命運使然。

　　也許根本就不該繼續追問「為何」或「如何」的問題，因為
無論如何，歷史是開始了——隨着文化的誕生。

第四章 作爲有機體的人類文化

從歷史的世界轉而描述文化的世界，這在史賓格勒似乎是理所當然的。

什麼是歷史？按照傳統哲學，歷史是某種絕對本體外化、展開和實現存在及其完滿性的過程。例如黑格爾，歷史是絕對理念辯證運動的實現自身的過程。歷史被抽象爲外在於人類生活和文化創造的客觀邏輯或規律，因此歷史家的任務，不過就是將那些發生過的事情，經過理性的選擇而提取出來，組成一個符合於絕對理念辯證發展規律的歷史事件的鏈條。

而按照傳統史學，歷史就是那些可以考據的文化遺存，和可靠的文字記載或文獻資料。所以歷來史學家的任務，就在於對文獻資料進行考據或驗證，就在於對「信史」、「野史」或「僞史」的鑑別，由此而將這些材料整理成爲可靠或完整的「歷史」（文獻史）。

上述兩種歷史觀念或方法，都犯了一種將歷史以歷史中抽象出來的錯誤。前者通過將歷史抽象爲外在本體的屬性；後者則將其抽象爲文字的資料，而使歷史與人類的生命活動，與現實的文化生活疏離開來，而成爲某種抽象的、外在的和非歷史的東西。

在史賓格勒，不存在什麼「抽象歷史本身」。歷史就是現實

的文化活動，就是那些偉大的文化誕生、成長和最終死亡的生命
過程，在這些過程中所發生的現實事件，以及這些文化和事件之
間不眞實的關係。所以歷史的發生，是與具體文化類型的誕生同
步的。同樣，作爲歷史主體的人類，亦是由於文化的生成而擁有
歷史的。歷史的人，「乃是一種正以全力向著自我完成前進的文
化的人」。「人不僅在文化誕生以前是沒有歷史的，而且當一種
文明已經自行完成了它最後的確定形式，從而預示著這種文化活
生生的發展的終結，及其有意義存在的最後潛力的枯竭時，立卽
再度成爲沒有歷史的」❶。

　　因此，正是那些不同文化類型所體現出來的基本文化精神和
基本文化形式，使得延續了幾千年之久的人類歷史，獲得了意義
與實質，這也就是說，惟有活生生的文化存在，才是所有過去、
現在和未來的世界歷史之基本現象。也正是在這個意義上，史賓
格勒才提出，「歷史思想負有著雙重的使命，一是用比較方法處
理各個文化的具體生活過程；另一方面則是考察各種文化間偶然
的、不正常的關係對於這些文化的意義」❷。

　　現在的問題便在於：文化是什麼？

　　文化 (Culture) 一詞的界定或釋義，也許要算人文學界中最
爲混亂、最多爭議和最無定論的了。從古到今，文化的定義有數
百種之多，幾乎是每一家學說，都有自己關於文化的獨特定義。
尤其是到了現代，對於文化的研究幾乎滲透到了各個傳統的、科
學的、人文的和新興的學科，乃至於幾乎每一個學科，都要根據
自己學科的專業要求和眼界，來給文化下定義。但是就我的觀點

---

❶　《西方的沒落》下卷，頁48，

❷　同上，頁37。

觀之，在這數百種界說之內，大同小異者畢竟占了多數，眞有創見者寥寥無幾。史賓格勒的文化界說，可以算是這寥寥無幾者之一了。

雖然在史賓格勒的著述裏，很難找到一個有關文化的確定的界說或定義（像其它科學著作中所常見的那樣），但是他的著作實質上就是一本文化——歷史哲學的著作，通篇所要闡述的就是人類文化的問題，因此還是能够從他的滔滔不絕的宏論中，概括出史賓格勒文化概念的大致含義的。

首先，史賓格勒認爲文化是人類意識覺醒的產物，是人類靈魂表達自己的方法，或人類精神的表徵、符號和體現。語言、文字、宗教、藝術、政治、法律、道德；國家、民族和生產方式等等，都是在人類獲得醒覺意識之後創造出來的。人類最初只是一種單純的小宇宙，只是一種自由漂泊的無意識的存在，沒有分別、沒有關係，也沒有自我。也許是在某一個神秘的時刻、某一種神秘的力量喚醒了沉睡中的內在靈魂。也許，純屬偶然地發生了不同種羣的相遇，使人與人或部族之間產生了關係（交往），這種交往使交流得以進行。通過交往和交流，人開始意識到自己了，他開始將自己的存在（血親族類）與別人的或他族的存在區分開來，並將這種有意識的自我，同那些自然的和外在的事物（包括動物)區分開來。語言產生了，我們和你們和他們的關係產生了；確定的自我行爲（羣體）在與他人的區別中成了某種獨特的形式和原始象徵。人類集合在自我確定的象徵之下，開始了有目的和形式特殊的行爲、活動（或勞動）的歷史，並在這種過程中創造著自己特有的生活方式。這時人類就算告別了自己的「史前史」或無歷史的階段，進入了眞正的歷史或「文化史」。

史賓格勒認為，人類意識和精神活動的產生還有一個心理的根源，即深深埋藏於心靈內部的恐懼感。「有兩種強烈的恐懼——一種是面臨小宇宙在空間中的自由、在空間本身和它的威力之前、在死亡之前的恐懼（這是連動物也知道的）；另一種是對於存在的大宇宙長流、對於生活、對於定向時間的恐懼。第一種恐懼喚起一種陰暗的感情，感到在擴張的世界中，自由只是一種新的、比那支配著植物性世界的依附性更為深刻的依附性，它引導那覺察到自身弱點的單個存在物，去尋求其他的近親和聯盟。憂慮產生語言，而我的這種語言則是宗教——一切宗教。由於對空間的恐懼，產生出作為自然的世界的神力和對神的膜拜；由於對時間的恐懼，產生出生活的、性的和種族的、國家的神力，集中在祖先崇拜上面。那就是禁忌與圖騰的區別——因為圖騰崇拜起源於對那種超乎理解並永遠不能認識的事物的神聖畏懼，因之也永遠會以宗教形式出現」❸。人類自始至終都在試圖克服內心的恐懼感，由此便有了理解、認知和解答所有生存之謎的願望，宗教情感及其原始表現（圖騰和禁忌），便成了人類意識邁向醒覺狀態的最初形式和通道。「它的開始好像一聲大喊。恐怖和防禦的模糊和交織突然間變成了靈性的純粹覺醒，這種靈性完全像植物似的，在本土上繁茂起來，並用一個凝視看到和了解了光的世界的深處。只要內省作為一種生動的感覺而存在著，這種變化就會被覺察出來而且被當作內心的重生而受到歡迎。在這片刻的時光——不可能稍早，也不可能（至少具有同樣強烈的程度）稍晚——它像一道巨大的光芒通過當時上選的精神，將所有的恐懼

---

❸ 同上，頁265-266。

化解爲天福洋溢的愛，而且突如其來地，使不可見的世界出現於形而上學的光輝之中」❹。一切的文化在這裏便體現了它的原始象徵與宗教精神。正是在這個意義上，史賓格勒說「文化和宗教的創造永遠是同義詞」❺。

文化也是在大宇宙和小宇宙之間對立和緊張的關係中產生的，因此它本身就包含著這種對立和緊張的兩個方面——即表現存在的節奏和命運的方面與表現醒覺意識自由創造的方面。前者是以血液與土地、種族與家室等爲基礎的，來自生命最深層的組成因素，這些因素被史賓格勒稱爲生活本身，它的體現爲原本就是生活的那些原始象徵：例如血親關係（圖騰）、永久的居地、種族構成和情感、女人及其作爲母親的地位等等，所有這些都體現了大宇宙的特性——節奏、時間、生成的邏輯、體相的命運。從這個意義上，文化就是純化的生活精髓。

後一方面則體現爲自由創造的醒覺的存在，它們是意識、語言、宗教等被創造的形式和象徵，它們是創造的生活和意識的生活，例如語言、宗教活動（禁忌）、科學技術、民族國家、男人及其政治權力等等。所有這些都體現了屬於小宇宙的的特性——緊張、空間、現成的邏輯（因果）、體系、擴張等等。上述兩個方面是構成文化整體的兩個互相反對和互相交織的內在動因。它們通過存在與醒覺存在，事實與眞理、時間與空間、感覺與知識、心靈與智性、因果與命運的對立和融合，構成了文化運動得以如此這般的旋律。

以上這些有關文化的界說，基本上還都是以文化現象著眼而

❹　同上，頁279。
❺　同上，頁308。

揭示的形式特徵。僅僅依據這些界說，我們還只是在文化現象的表面描繪著文化的形式構成，這並沒有超出傳統觀念的研究水平。可以說，以眾多文化現象中隨意選擇一些事實，都能夠拿來充作文化的定義，因為所有堪稱文化現象者，都或多或少地代表了文化的實質。而大部分學者，都試圖用他們所選定的文化現象，作為界定文化的唯一尺度或文化本質的唯一代表。這就使得文化概念的問題始終爭論不休，直到今天，仍然有很多人（包括許多中國文化、歷史學者），還在延用這種方法，並以他們最大的熱情，努力使得這種毫無意義的爭論持之以恆。

史賓格勒的高明之處，在於他沒有就此止步，通過現象的觀察，他欲達到對於文化本質及其命運的內在直觀。憑著他對於生活敏銳的直覺力和文化歷史的深刻的體驗，他提出了自己最為著名的觀點：文化是一有機體。文化有機體的思想，可以看作史賓格勒全部文化歷史哲學的中心思想，他的所有宏論，都是文化有機理論的展開和證明。

我們知道，史賓格勒一貫反對那種簡單地套用自然科學術語及機械因果觀的歷史研究方法，因為他堅持認為，文化不是一個抽象的生活概念，不是可以隨意割裂成各種部分或隨意提取某一部分便能涵蓋的機械組織，而是某種活生生的、自我完成的歷史有機體。

因此，我以為史賓格勒所創文化有機體的思想，實際上包含了兩個層次的意思：

第一層意思是說，文化作為有機體，是一個高度綜合（或整合）和有機統一的整體。文化一旦生成獨特的類型並擁有了自己的歷史，也就意味著它的主體在各個方面完成了自我創造的形

式。無論我們剖析哪一種文化，原始的、古老或的現代的，新生的、發展的或衰亡的，都可以發現它們所具備的完整的有機組織。每一種文化類型，只要它是獨立自主的，便一定會有一系列適合於此文化類型的部門或領域，如經濟、政治、社會、道德、宗教和藝術等等。從表象上看，這些部門似乎是互相獨立的特殊文化現象，其實在本質上，它們恰恰是互相聯繫、互相作用、互相制約，並內在地統一於共同的文化目的或文化精神的。沒有哪一個文化部門，是可以脫離其它部門而單獨起作用的。例如經濟體系在文化運動中可以說是舉足輕重的部門了，但是如果離開了政治體制、社會關係以及意識型態等其它部門的共同作用，就不會有任何意義上的經濟發展，因爲任何一種經濟體系，都是與整個文化系統相適應、相配合的體系，都是文化有機體的有機組成部分。

反過來說，文化也是由各個文化部門有機地組合起來的整體，就像人體是由神經系統、消化系統、血液循環系統、呼吸系統等各部門組成的整體一樣。缺少了其中某一個部門，人體就不再成爲人體，或不再成爲健全的人體了。同樣，如果我們抽去構成文化整體的某一部分，文化就會喪失其作爲有機體的完整性，而變成死亡的或畸型的文化。至今爲止，還從未發現哪一種文化是不具有自身特殊的政治組織，或自我滿足的意識型態的。文化是通過各個部門或各個組成部分共同起作用來完成或實現自身的、文化的精神，也是滲透於各個部門和領域的整體精神。

根據這種文化有機體的觀點，文化各部門的發展水平，歷史狀態及特殊的性質，亦是與文化整體系統和其它部門的整體水平、狀態和性質相一致的。一定的藝術形式，總是與一定時代的經濟、政治和宗教等文化部門的歷史狀態相聯繫的。一定的經濟

發展水平， 也是與整個文化精神的水平、 政治型態的性質相一
致的。任何部門一旦脫離其有機的文化母體，便會停止其原有的
功能和作用，就像人的器官脫離了人體一樣。

　　但是人們往往還是習慣於局部的眼光去看待文化現象。他們
或者抓住文化中的某些現象、某些部門或某一方面的特徵，輕易
地將其視爲文化的全部象徵或整體特徵；或者是將文化中的各個
部門分割或割裂開來，看成互不相干且能獨自起作用的因素。史
賓格勒說：「至今爲止，我發現沒有人仔細考慮過那把一種文化
的各個部門的表現形式內在地聯繫起來的型態關係，沒有人超越
政治的界限去理解過希臘人、阿拉伯人、印度人和西方人關於數
學的終極的和根本的觀點，他們早期裝飾的意義，他們的建築、
哲學、戲劇和詩歌的基本形式，他們對偉大藝術的選擇和發展，
以及他們的工藝細則和原料選樣；至於這些事物對於歷史的形式
問題所具有的決定性意義，那就更加沒有人加以重視了。他們有
誰知道，在微積分和路易十四時期的政治的朝代原則之間，在古
典的城邦和歐幾里德幾何學之間，在對位音樂和信用經濟之間，
原有深刻的一致關係呢？」❻

　　這種片面的或「無機的」觀點，亦是同十六世紀以後日益發
展的科學精神與唯科學主義相關的。近代科學的發展，是與科學
的分門別類的日益精細相對應的。社會文化、歷史乃至哲學的研
究，都嚴重地受到了這種分門別類方法的影響。對任何現象的研
究，都被看作是一門科學或一個科學分枝，而任何現象一旦被納
入某一學科的範圍，便成了某種獨立的、與其它現象無關的專一

---

❻　《西方的沒落》上卷，頁7。

對象。社會或文化因此也被肢解成許許多多的部分和部門，而分別屬於不同的學科。例如社會學、法學、倫理學、美學、政治學、軍事學、文化學、民族學、風俗學、神話學、宗教神學⋯⋯多不勝數的學科幾乎將原本是整體的文化現象割裂得「粉身碎骨」，這還不算，十九世紀末以來，上述學科還在不斷地分化，已經是多不勝數的學科之下，又增加了多不勝數的分枝學科，單單是社會學一門，就有幾十甚至上百的「××社會學」。這種分門別類的方法固然推動了對於具體對象或具體社會現象所進行的具體研究，但也許是由於過度地運用了這種方法，便使得人們在獲得了具體對象的具體知識的同時，「忘記」或忽略了對於整體現象，尤其是整體的人和整體的文化的整體概觀，或「有機的」觀點。人們習慣於用分析的方法和學科內綜合（歸納）的方法，來對待具體的對象，而不再具有能於學科外或學科間（跨學科）交叉融合的宏觀頭腦。人們更喜歡用技術的眼光來看待各種社會文化問題，對於這些問題，他們以爲只要將社會或文化這架巨大的機器分解開來，便能找出癥結所在。而這些問題的解決，亦只是將那些換壞了的部件置換更新便可以了。更有甚者，對於那些被認爲是「落後的文化」，也只要通過分解查明哪一部分落後，然後就「先進的」文化類型中「借鑒」或「引進」這一部分，便能使其「進入」所謂「現代文明」。

　　史賓格勒堅決反對這種片面地對待文化的所謂科學方法。他主張將文化的各個部門、各種現象和起作用的因素，作爲一個有機的綜合體聯繫起來加以考慮，並從中找出文化的整體特徵、歷史形式和未來發展的前景。這也就是他所稱形態學的主要方法和目的之一。史賓格勒在其著作中，就對文化中的各種現象和各個

部門作了詳盡的綜合考察，不管他嚐試的最終結果如何，但可以看出了他是爲了這一目的盡了力的。

將文化看作是一個有機的整體的思想，就是「文化有機體」理論的第一層意思。

「文化有機體」理論的第二層意思，就在於指出文化不是某種永恆的東西或實體，而是具有生長期和衰亡期的有機活體。

傳統的文化或歷史觀念，總是相信文化是某種先驗的現成的和永恆的存在。而歷史，亦卽是這種存在日益展現其無限內涵的進步過程。在進化論，歷史將引導物種和文化走進由低級到高級不斷進步和不斷發展的無限過程；在黑格爾，歷史是絕對理念不斷外化而最終 重現自身， 達成完滿的過程； 在馬克思， 歷史是人性及其物質生產力不能進步——通過異化和階級鬥爭——的過程，人類經過原始社會、奴隸社會、封建社會、資本社會而最終實現共產社會，將是一個不以人們意志爲轉移的歷史潮流……而所有這些理論，在史賓格勒眼裏，都是屬於那種以爲人類文化將無止境地發展向上的自欺欺人的「樂觀主義」。盡管他們各自的理論表現出各種程度上的不同，但是在本質上，他們都服從於西方傳統中對於 歷史的陳舊表述， 卽把歷史 籠統地區分爲 「古代——中古——現代」的線性 (Linear) 觀念。

相反，史賓格勒認爲文化作爲有機體或有機生命的構成，服從的是大宇宙運 動週期性 的命運或生 命循環的規律， 而非直線的、永遠向上的機械模式。文化是一有機體，它是按照出生、青春、成熟然後衰亡這樣的節律去完成其歷史的軌迹的，他將那些僵死的、不變的東西看成是無機的、現成的事物，而文化則是變化的、日益循著命運而發展、而死亡的，所以文化是有機的、生成

的事物。

　　誰都承認，有機生物（或植物）皆有其生命的持續和衰亡，
形式和節律。鮮花的開放與凋零、動物的誕生與死亡……人們不
會不感覺到這種生命現象的極限和生死的循環。但是一旦涉及到
人類自身的文化和歷史，人們卻忘記了這種生命的感覺和經驗，
而用那種非生命的、無機的樂觀主義，用以作爲對於自身過去與
未來生命歷程的基本觀點。並且設想了諸如「理性時代」、「人
道主義」、「最大多數人的最大限度的幸福」、「征服自然」、
「啟蒙運動」、「經濟進步」、「自由國家」、「世界和平」等
等，用以作爲人類由原始（古代）走向現代和未來的理想目標。
堅執於如此的觀點與目標，竟使得人們不能不相信自己正投身於
一個無限伸展、永不衰竭和永無終結的進步過程中。

　　然而事實上，「人類（Mankind），並沒有什麼目標、理念
和計畫，就像蝴蝶或蘭花等生物一樣。『人類』只是一個動物學
名詞或空洞的概念而已」。而當我們透過這些障眼的概念，便會
發現人類生活的實際形式──生命，那充滿著內涵、深度和運動
的生命。「我認爲，上述那種直線單一的歷史空論，只能是閉眼
無視大量歷史事實的結果。事實告訴我們的是那些偉大文化的活
劇：它們以原始的力量從其終身依附的母土之中蓬勃而生；它們
各具自己有關物質、『人類』的意象；它們也都擁有自己特殊的
觀念、熱情、生命、意志與感受，以及自己的死亡。這實在是充
滿色彩、光亮和運動的場景，卻始終沒有智慧之眼去發現它。在
這場景之中，文化、民族、語言、眞理、神靈、景觀，就如橡樹
和松柏的花蕊、枝節與綠葉一般，苗盛而又衰微──只是沒有永
恆的『人類』。每一文化都有自己展現自身的新的可能性，它們崛

起、成熟、衰亡、永無回復。……文化，正如植物與動物一樣，屬於歌德所謂『活生生的自然』，而非牛頓的死沉沉的自然。我把世界歷史看成一幅永無止境地形成、無止境地變化的圖景，看成一幅有機形式驚人地盈虧相繼的圖景。專業的歷史家則相反，他們把世界歷史看作條蟲一類的東西，把歷史時代一節一節地往自己身上增加」❼。

所以，歷史不是像人們想像「古代——中古——現代」的直線上昇過程，而是不同的文化在不同的時代生成、變化和死亡的生命循環過程。在史賓格勒的「歷史世界」裏，不存在什麼由古代到中古的進化或發展，而只存在「古典文化」的滅亡和新文化的誕生，例如古希臘——羅馬文化到我們稱之爲「中世紀」的時候便已滅亡而不復存在了，而歐洲文化（或稱「西方文化」）則誕生於「中世紀」。這兩者之間沒有直線性的繼承關係，它們是獨立的文化類型，並完成着各自的生命歷程——一個死亡、一個新生而已。歷史就是由這樣一些生命循環的獨立的圓圈所構成。這些圓圈不是黑格爾那種螺旋形上升的、圈圈相聯的「圓圈」，而是各自分開，獨立自存，自我完成的圓圈，和只能比較而不能混爲一談的個體。而仔細地研究和揭示這些生命歷程的內在結構或有機組織，是現代歷史哲學的根本任務。

在史賓格勒的觀念裏，就是由這些獨立的文化——生命歷程的無數圓圈，匯成了人類「存有」和文化歷史的漫漫長流。在這無邊無際的長流中，每一個文化類型都占有着自身生命的那段有限的時間。它們閃動著，以自己那獨特的創造力，以及在創造中

---

❼　同上，頁21-22。

所產生的種種成果，泛起了一片片跳動的漣漪。而隨著它們內在創造力的衰竭，它們的內在生命力也就達到了終結。它們便漸漸脫離這時間的洪流，最終沉澱到河底的沙層中，以其有形或無形的文化遺存，向歷史無聲地展示著自己那屬於過去的偉大軀殼──金字塔、多力克圓柱、萬里長城……

作爲有機體的文化，最初就像一顆深陷在沃土中的種子，於一片永恆而又神秘的黑暗中悄悄地萌芽。突然有一天，在某個特定的地域中，它破土而出，進入了與它共生的光的世界，並獲得了確定的形式。史賓格勒將初生的文化比喻爲「文化的孩提時代」、「文化的春天」或「青春期的文化」等等。這時，文化的特徵表現爲一個滿懷著疑懼之情的年青而顫慄的靈魂，一個剛剛誕生而渴望發育和實現自己的熱血奔騰的生命。它嘗試著要去表達那通過眼睛所發現的光的世界──那個五光十色且又充滿疑惑的世界。它亦嘗試著要求表述那通過鮮血和情感所直接呈現於內在心靈中的宇宙感受。這種嘗試創造著語言、文字、藝術、建築、宗教，創造著屬於文化的一切最初形式。這是一個最具創造力，最貼近原始生命，和最充滿血性的時期，從那些現有的古文化遺存便可發現，這個文化時期的各種產品或人類表達自己的形式，均採取了較直接的、較情感的和比較非理性的方式。如早期荷馬時代的多力克建築藝術、早期基督教藝術、從第四王朝開始的古埃及文化、及羅曼斯克與哥特式的早期藝術等等，都表現了那種面對生命世界而充滿幻想、惶惑、衝動和期冀的青春期特徵。

接著文化便進入了它的成熟期，就像春去夏至一樣，隨著人類意識逐漸地擺脫童年時代的幼稚，隨著人類由其創造和經驗的過程中對光的世界有了確定的知識和表達方式，文化也就告別了

童年，進入了成年階段。它不再惶惑，不再顫慄，因爲它已成熟
了冷靜而又清晰的理性，並獲得了或創造了純粹而又明白的表述
方式。它顯得自信、剛毅、嚴苛、節制、沉著，目標明確地實施
著自我擴展和自我實現的行動。這是文化生命中的顛峯時期，呈
現著夏季那鬱鬱葱葱、百花嬌艷的繁盛而有序的景象。雅典的哲
學和貝多芬的音樂，也許可算是這一文化時期的典型例證。

其後，便是金色的秋天。文化在到達了自己的秋穫期的同
時，也到達了自身生命的頂點。人們在品嘗了秋收的甜蜜之後，
立卽感到了瑟瑟秋風所帶來的絲絲凄涼。一種痛苦的甜蜜，侵盈
於文化的靈魂之中。文化的創造力已近枯竭，理性和秩序如今亦
成了現成的模式或傳統，不再具有更新的欲求和能力。人們只能
安坐在家中，面對著豐盛的成果，回味和追溯著那充滿激情和辛
勞的耕耘之旅。這時，對於過去時代的光榮的回憶，取代了對於
未來的幻想和憧憬。史賓格勒亦稱這一時期爲「溫柔時期」。
斯尼底阿孚露黛女神 (Cnidian Aphrodite)；依勒克提安神廟
(Erechthem) 的「女神像殿廊」；撒拉森人建的阿拉伯式蹄形
穹窿 (Horse-shoe Crchs) 上的鑲嵌；德萊斯登的茨偉格爾宮
(Zwinger)；瓦都 (Wattean) 的繪畫；莫札特的音樂等等，都是
這個時期的代表作品。

最後多天終於來臨，文化走到了自身生命的盡頭。史賓格勒
稱其爲「文明時期」。雖然在這個時期，垂死的文化有時候也會
激起一星半點閃光的火花，如「古典主義」和「浪漫主義」等
等。但也僅僅是萎縮和僵化的靈魂，在對童年和過去所作憂鬱的
眷戀中，而顯現出來的最後的迴光返照罷了。靈魂之火熄滅了。
所有原屬靈魂創造物的文化成果——科技、經濟、語言、理性等

等，如今都變成了異己的和物化的外在力量，統治著人類的精神和全部生活。原本屬於時間的生命活動，現在變成了單純空間的擴張。文化變得疲倦、冷漠、貧乏、僵化，它的血液凍結了，它的力量消解了，就如「帝國時代」的羅馬那般，它盼望能脫離漫長的白晝，而沉墜到原始神秘的黑暗中去，回到母親的子宮裏去，或回到墳墓裏去。它就像垂死的巨人那樣。失去了生成的、活生生的時間本質，只是行屍走肉般苟延殘喘著，幾百年乃至幾千年，就像中國、印度和回教世界那樣。卽使像羅馬帝國時代，龐大的文明貌似年靑、強壯和完美地聳立著，骨子裏卻早已喪失了生命力和創造性。它們事實上已經或正在走向死亡，就像今天的西方文明一樣。

文化的圓圈，走過了童年、成年和老年，經歷了春天、夏天、秋天和多天，死了——就這樣完成了自身生命的週期。而這些方生方死的、各自封閉的圓圈，就這樣成了世界歷史或歷史世界的完整景觀。

以上兩個層面的意義，就是史賓格勒「文化有機體」理論的實質所在。在這有機體理論的基礎上，史賓格勒合理的導出了有關文化宿命論和文化多元論的思想。

文化作爲有機體，最終服從的是生命現象的神奇命運，它誕生、它死亡，都是不依其自覺意志爲轉移的。文化是一個有創造性的整體，它能創造出世界上所有奇異的事物或事件，惟獨不能創造或抗拒這個命運。

正是在這個意義上，史賓格勒更爲重視使文化成其爲有機體的那些因素，如血液、種族、女人、等級（貴族）、土地、非理性（直覺）這些與人類純粹的生命構成密切相關的因素。認爲

這些因素正是大宇宙所內蘊的宿命的眞正代表。它們本身就是生命，就是命運，就是命運所先定的未來。就這種命運而言（或文化有機體而言），人類的文化活動僅僅是一種活動而已，它所做的一切都是服從和服務於那代表命運的時間長流，文化在這裏是絕無目的、無有計畫的，「它們和田野間的花兒一樣無終極目的地生長著」。這種命運對於文化還意味著，它最終必定要陷入死亡的永恆沉寂中去。史賓格勒認爲，「誰若不懂得這種結果是不可避免和不容修正的，不懂得我們的選擇只能是情願這樣或一無所願，只能是牢附這種命運或對未來和生活本身悲觀失望；誰若是不能從強有力的 智慧的實現中、 從鐵石般 性格的精 力與風紀中、從最冷酷最抽象的手段進行的戰鬥中也感到莊嚴壯麗；誰若是迷戀地方居民的唯心主義，想過過去時代的生活──誰就應該放棄歷史、在歷史中生活、或創造歷史的所有願望」❽。

---

❽ 同上，頁38。

第五章　歷史或命運

　　所以，史賓格勒的文化觀又被稱為文化宿命的哲學，或關於命運的學說。

　　史賓格勒的文化宿命論，在本體論的意義上，旨在給予他所謂生成變化的歷史世界一個終極的本源。像尼采一樣，他用命運這個神秘的概念，替換了所有傳統形而上學的絕對本體和終極解答。一切生命世界的現象，它們的生死興亡，皆因命運所繫，而命運在本質上，是神秘的、不可認知的。這種宿命論，實際來說就是從根本上，拒斥了傳統哲學為追尋絕對本體或真理而設定的形上問題。

　　命運不是理性的概念或數學式的推理所能解釋的，但卻可以在現實的歷史過程中通過經驗被直覺的——這就是歷史，就是每一個文化在現實中的漲落和沉浮，並以其活生生的生命歷程所構成的歷史。在史賓格勒，命運就是歷史，而歷史亦就是命運本身。在這裏，形上的本體——命運，一下子成了現實歷史的直接體現，成了「歷史哲學」的現實的「本體」。

　　因而我們可以說，史賓格勒所謂文化宿命的學說，實際上就是現實文化發展或運動的學說。

　　根據文化有機體所必然經歷的發生、成熟和衰亡的過程，史

賓格勒將文化發展區分爲前文化（或原始文化）階段，文化階段
和文明階段三個前後相繼的部分，以作爲神秘的命運通過現實的
文化展現自身的形態學描述。

前文化階段 (Pre-culture Stage)

前文化時期，是人類從純粹、混沌的自然狀態中初步分類出
來的階段，大致是指以血緣關係爲紐帶的原始社會狀態。前文化
的人或原始初民，還處在游牧無定居的狀態，他們靈敏、警覺並
充滿感官的欲求，它們捕食動物，並滿懷敵意地與周圍的自然因
素和自然世界進行著搏鬥。

漸漸地，隨著農業的發展，人類經歷了一次根本的變化。人
變成了農民，如同植物，紮根於一塊固定的居地或沃土中。自然
亦因此而成了哺育人類母親，也許這就是「祖國」(Mother Land)
的最初涵義吧。血緣、種族、土地，是前文化階段初民或農民生
存與生活的全部基礎，它們維繫著那些原始羣體的生命安全和生
命著衍，使得人類存在能够在強大而惡劣的自然環境中繼續其生
命的持存。

前文化階段在精神上的特徵是「鄉野的和直覺的、初醒的、
滿懷夢想的心靈的偉大創造。超個人的統一和完滿」❶。表現爲
莊嚴體裁的神話的誕生和新的神感的產生，人類處於對世界的恐
懼和對世界的思慕的意識初醒階段。

在文化形式上，這時的表現是形式的混亂或根本還不具備形

----

❶　《西方的沒落》下卷，頁35。

式。由於大宇宙或自然界對於原始初民或族羣的生存是絕對的和決定的力量，這種外在統治的權威迫使所有小宇宙對於自身與世界的認知和表達方式，無論其爲神話，風俗、技藝、裝飾象徵或符號等等，均只服從或跟從於當下的自然世界與外在權威的壓力之下。看不到什麼確定的規範，主導這些方式的持續、速度、意義和進展，亦不見裝飾與羣體組織之間、神靈崇拜與實際建築之間，有什麼內在和必然的關係。文化還沒有構成其有機的形式，或者說，原始文化「既不是一個有機體，也不是一種有機的組合」。它只是一個用熱血和土地自然地凝聚而成的一個組羣，沒有個體，沒有社會，沒有醒覺的意識，也沒有確定的目標，就像一團朦朧的生命，在莽莽的原野中懦動著，延續著自身的存在。一切都顯示著神秘的象徵主義和樸素模仿外在自然力量和形態的特徵。圖騰與禁忌就是當時族羣、血緣和信仰；生命、勞作與收藏；畏懼、崇拜和希祈的神秘主義的突出表現。當時也沒有政治和國家，只有原始民族，部落及其首領的早期組織形態。

　　這時的依附於土地與自然的原始農民，是沒有歷史的，整個原始文化階段嚴格說來也是無歷史的。原始農民是「永恒的人」或「不朽的人」，因爲他們只屬於自然與土地，而並沒有創造出或投身於任何形式的眞正文化，他們還只是文化的異己的存在，僅僅依據血液的傳遞而代代相繼。在史賓格勒看來，即使是現代的農民，也總是頑固地表現著自己的無歷史性，他們安居樂業於窮鄉僻壤之中，對一切文明的和都市的發展，表示出極大的冷漠、鄙視乃至仇恨。他們常常是游離於整個文化進程之外，堅持著自己原始素樸的生活方式、道德信念和神靈崇拜，除了享用一

些來自文明或城市的物質產品而外，再不接受任何其它有關城市
文化的事物。他們寧願與土地融爲一體，遠離文化與歷史而享受
不朽的生命持存和永恒的靜寧。

處於這一階段的諸文化類型有，古代埃及的提尼斯時期
(Thinite Period, 公元前 3400-3000)；古典的（卽古希臘羅馬
文化）邁錫尼時期 (Mycenaeun Age, 公元前約 1600-1100)；
中國的商朝(公元前 1700-1300)；阿拉伯的波斯──塞琉西時期
（公元前 500-0)；印度的吠陀宗敎時期（公元前 1500-1200)；
以及西方的（卽現代歐美文化）墨洛溫王朝與加洛林王朝時期等
等。

文化階段 (Period of Culture)

隨著意識走向醒覺，小宇宙日益追求自身自由和醒覺的獨立
性。在某個神秘而偉大的時刻，混沌的意識和「前文化階段」的
人類，「突然地」跨入了歷史，跨入了文化階段成長爲眞正擁有
歷史的「文化人」。

文化階段是人類文化的「靑春期」和走向成熟的時期，彷彿
也是人類想像力和創造力最爲旺盛、最富有藝術性的階段。在這
一階段，各個文化都創造了各自引以爲榮的燦爛文化成就。宗敎
的、藝術的、哲學的發展也主要是在這個階段中達到其輝煌的頂
峰的。

文化階段又分爲早期和晚期兩個階段:

（一）早期文化階段的形式特徵首先是形成中的封建制度。
這種制度是以鄉村和鄉下人（農民）的組織或聯盟，前文化階段

的部落和家族，漸漸形成了封建的組織和聯合，族長或酋長統治為封建領主或諸侯王的政治形式所取代，種族上昇為民族和國家。

作為世界歷史的開端和早期文化形成的標誌的，是兩個具有劃時代意義的事件：卽城市的萌芽和兩個基本階段——貴族與僧侶——的出現。隨著這兩個事件的出現和發展，才開始了文化和政治有機組織的生成和發展。同時，原本混沌和諧的大宇宙和小宇宙，如今亦藉鄉村與城市、貴族與僧侶的分化和對立，表現著自身日益嚴重的分裂與日益尖銳的衝突。這種分裂與衝突，就是導致文化產生和發展的根本動力。

由於戰爭、經濟交往或者克服自然災害的威脅，人們漸漸地由前文化時期的無組織、無定居而散漫游蕩的狀態，轉變為相對有組織和穩定居所的狀態。人們通過交往和交流，便紛紛匯聚到某些條件相對優越的地區來。隨著人口的增加和交通的發展，當然也隨著戰爭（爭奪地域和奴隸等等）和經濟生產日益增長的需求，於原始的鄉村之中，便崛起了早期形成的城市——亦稱城邦（古希臘）或城堡。只是在當時，這種城市的萌芽或城邦，基本上還僅僅是市場或物物交換的場所，和交通的要塞或軍事的重鎮。

在原本樸素自然的鄉野景觀中，同時湧現出城堡和神廟或教堂，城堡代表著市俗的權力和生活，卽由貴族統治下的塵世組織和生活秩序，而神廟和教堂則代表了來自天庭和智慧的權力與生活，亦卽僧侶階級所創造的受授於神的宗教組織和神聖禮儀等等。與此相應的，是意識的成熟和知識體系的形成。在思維上此刻完成了形式語言系統。宗教神學以及各種新的世界觀念也在神秘主義和形而上學方面逐步成長起來。一種純哲學形式的世界情感初露端倪，並開始了唯心論體系與實在論體系的對立（例如前

蘇格拉底時期的哲學）。隨後便有作爲世界形式的摹本和內容的
一種關於數的新數理概念的形成（畢達哥拉斯學派）。也有了關
於價值、倫理和人生的追尋與探討，並開始建立屬於塵世的和屬
於神啟的價值和道德系統。

　　早期文化在文化形式上表現爲靑春的世界情感對於裝飾和建
築的影響，藝術形式和創作的興起。如古埃及的幾何圖形的神
廟、成排的植物式圓柱、古凡人像的雕塑等；古希臘的木料建築、
多立克圓柱、殯喪缸瓮、荷馬史詩等；都是醒覺意識試圖脫離大
宇宙存在而獲自由的象徵形式。

　　但是在早期文化階段的封建制度時期，從整個文化組織的性
質來看，還仍然處在農業社會或農業文化水平。城市只是一個市
場、一個強有力的堡壘（在戰爭意義上），或一個宗教中心。政
治生活主要地還是由平民與封建領主們或某個大地主之間的鬥爭
爲中心的。而流行於民間的精神和價值觀念——無論是經濟的還
是社會的，也仍然是農業社會性質的。

　　根據史賓格勒，屬於早期文化階段封建制時期的，有中國西
周王朝的早期（公元前1300-800）的貴族制；古典希臘的多立克
時代（公元前1100-650）及其荷馬式的王權統治；古埃及王國的
第一朝代至 第五朝代（ 公元前 2900-2400）； 西方的 哥特時期
（公元900-1500）； 羅馬——德意志帝國時代、十字軍貴族或騎
士和羅馬教廷等等。

　　封建制發展的後期便 成了貴族國家 (Aristocratic State)。
封建制的危機導致國家的出現。埃及第六到第八王朝；古希臘羅
馬的貴族制城邦；中國西周中、晚期；西方封建君主國的興起、
文藝復興運動等等，都屬於貴族國家時期。這個時期的特徵是貴

族等級制的社會組織形式。由於封建制的、家族首長的形式；血緣聯姻和血親關係；封建經濟和價值體系所出現的難以解決的危機，國家形式便由封建制過渡到了完全按照貴族頭銜分成不同等級的貴族制城邦或國家。貴族國家也可理解為封建制度的高級形式，不同的只是原有的封建領主如今成了具有世襲封號或頭銜的貴族，並且成為城邦或國家權力的唯一代表。

封建王國一旦發展成了貴族王國，便預示著文化將完成其早期階段而進入晚期階段。在這個時候，城市的作用日益增長，知識體系發展迅速，貴族和僧侶，市俗政權與教會統治的對立也日趨尖銳。雖然這一時期哲學、宗教和藝術的發展並未止步，而且取得了空前輝煌的巨大成就，如後蘇格拉底哲學，使得哲學完成了體系化建設，而文藝復興運動所取得的文化藝術成果，更是舉世矚目的了。但是，貴族制最終仍然無法解決由於城市和經濟發展所造成的種種政治危機，文化的命運決定了自己是到了結束其早期階段的「時刻」。

按照史賓格勒的哲學原理，歷史的誕生與展開，是大宇宙與小宇宙，生命存在與醒覺存在互相分裂、互相對立和互相作用這種雙重存在運動的結果。在文化的早期階段，世界的雙重存在及其運動，就具體表現為兩大階級❷——貴族與僧侶——的共生、共存與對立。通過這兩大階級的存在特徵和關係特徵，可以全面顯示早期文化的時代特徵和文化春天豐富創造力的生命根由。正是「在基本階級——貴族和僧侶——的崛起過程中，文化開始了

---

❷ 史賓格勒認為，文化是與階級一起誕生的，階級與文化是同義詞。文化是那些屬於精英階級的優秀分子所創造的，一旦階級消滅了，文化也將滅亡。

自身的展現……」❸。

　　不同於原始時期氏族公社的種性等級（Caste），亦有別於諸如手工業者、政府宦官、藝術家等等以技術或職業而區分的專業集團，眞正意義上的階級（Estate）應該是血與肉的體現，它們的存在是思想的外顯、姿態和模式，亦卽全部文化象徵的意義所在。貴族和僧侶就是這樣的階級存在，他們是高級文化的精英，是高等教養和塑造的結晶，他們不僅拒斥一切形式的蒙昧與野蠻，同時也鄙夷所有不屬於本階級的民眾 —— 對於貴族而言爲「賤民」，對於僧侶而言則爲「凡夫俗子」。他們的產生，使得文化眞正成了大宇宙與小宇宙的雙重存在（而原始文化基本上屬於「自然」的或單純大宇宙的存在）。

　　用史賓格勒的術語，貴族和僧侶分別代表著大宇宙和小宇宙的存在性質。貴族是純粹的「存在」，每一個紳士都是時間的活生生的象徵；僧侶是純粹的「醒覺存在」，每一個教士則象徵著空間。前者所擁有的，是大宇宙的那些特性：命運、歷史、種族、性生活等等；後者則擁有因果、自然、語言、情感生活等小宇宙特性。貴族生活於事實的世界；僧侶生活於眞理的世界。作爲行動者，貴族憑藉自身的機敏；作爲思想者，僧侶則運用知識。還有，貴族的世界感受是脈動；僧侶的則是張力。兩者生活於同樣的背景中，卻實踐著各自完全不同的原則。兩者的原則是互相排斥和對立的，但又是互相聯繫缺一不可的，他們總是通過對方來映照和實現著自己。正是這種雙重的階級存在，決定了早期文化階級的歷史特徵。

---

　　❸　《西方的沒落》下卷，頁333。

　　貴族和僧侶的階級分化，使得塵世的生活與超凡的生活發生了分化或分裂——這是人類文化誕生和發展的根本奧秘之一。貴族及由貴族組織並管理的種族、城邦或國家，構成了市俗社會人與人之間的依附關係，它將人們在血緣和土地的基礎上團結並凝聚起來，以便有效地抵抗來自外族和自然方面的各種威脅，並組織起社會生產和政治上層建築，以便有效地改善生存條件和利用周圍的自然環境。僧侶及其教會組織，則在塵世的生活之外，建立起一個 屬於天國和 超凡的世界。 在這個世界裏， 人的力量讓渡給了上帝或神靈的力量，現實的生活讓渡給了信仰和想像的生活。人脫離了自己的本根，試圖以某種超然或神性的力量來對抗深沉於人性和血液之中的命運，亦卽反抗生成變化的生命流程和死亡的必然性。在那神秘而又無限的空間裏，人們刻意追尋那些屬於永恆、長駐的東西，例如實體、理念、眞理、上帝等等。理性發展、發達了起來、邏輯、數學、哲學乃至科學，亦隨著發展、發達起來。系統的知識體系建立起來了，用以解釋和認知那屬於因果體系的自然世界……。

　　「隨著文化的進展，這兩種基本力量的分裂便日益加深，一種敵對狀態也在兩者之間變得尖銳起來。這種敵對狀態的發展也就是世界歷史的過程」❹。

　　貴族代表塵世的生活，本身就是權力和強者的化身。他們是騎士和軍人， 又是劫匪與強盜。 就像海上 英雄同時總 是海盜一樣：他們用血與劍爭奪著每一寸土地、每一份財產乃至每一丁人口——通過戰爭和權力角鬥。而僧侶們則不斷變本加厲地發展其

---

❹　同上，頁345。

神學的、眞理的或知識的體系，將那絕對的世界觀念強化到足以
統治人類理性的地步，並以此，來同貴族的勢力和權力相抗衡。

因此，隨著文化的發展，貴族和僧侶及其所代表的生活世界
也進入了日益尖銳的衝突之中。一方面，貴族的權力意志成長爲
征服、政治和法律，而強盜意志又助長了貿易、經濟和金錢。「法
律成了強力的財產。他們的法律便是唯一的法律。金錢成了人間
最強大的武器：用它便能征服世界。經濟體系要求日漸軟弱的國
家服從於它。政治則強令經濟生活適應並進入塵世生活……所有
文化都表現了自身形態的轉變：戰爭的貴族向貿易的貴族、土地
的貴族向金錢的貴族、軍事的管理向經濟戰爭的管理的轉變，並
導致了金錢與法律之間的無休止的爭鬪」❺。另一方面，僧侶和
學者也開始分化。雖然他們仍然屬於小宇宙或醒覺的存在，但是
隨著文化的發展，神學的絕對權威開始讓位於哲學與科學的權
威。到了文化的晚期，神聖的宗教律令和精神逐漸爲「世俗的」
知識與精神所替代。

在這兩大階級的分裂和衝突過程中，貴族和僧侶將同時失去
其原本的意義和本質，他們的變化亦反過來造成了文化形態及其
時代的轉換。貴族和僧侶的對立，逐漸變成了經濟與科學、金錢
與智慧的對立和衝突。科學不僅與貴族的性質格格不入，而且也
同其賴以產生的宗教信條直接矛盾的。經濟來自於貴族世界，但
如今，它也直接與貴族尊重道德和榮譽勝於金錢的精神發生了衝
突。貴族和僧侶階級的發展最後導致了自身本質的「異化」和自
身世界的崩潰。在史賓格勒看來這正是命運使然。

---

❺　同上。

原先貴族與僧侶的階級對峙，現已演變成內在異化與外在對立交加的狀態。由此，文化亦結束了其早期階段，隨著命運的節律邁向其晚期和「文明」階段。

從史賓格勒對於貴族和僧侶階級及其關係的分析中，不難看出史賓格勒對於貴族階級及其統治下的早期文化階段的崇仰和贊賞。他試圖說明貴族是戰爭、力量及榮譽的最優秀的代表，他們是創造歷史的眞正主體，他們是人類本性的最完美的體現。他將貴族制的文化階段稱爲文化的春天或青春時代，是一個最自然地體現人的本質力量和創造力的階段。隨後而至的，雖然還有文化的成熟和壯大，但是這種成熟和壯大不過是文化衰亡的預示和標誌罷了。與尼采一樣，史賓格勒也是一個貴族制的擁護者，他認爲一個由貴族爲主體的有等級劃分的社會，要優於所謂「人人平等」的民主制度。

（二）晚期文化階段總的說來可以看作文化發展的成熟階段，和由文化階段進入文明階段的過渡時期。

這一時期的特徵是城市的興起。城市開始成爲獨立於鄉村的經濟實體，並逐步成長爲社會生活和經濟發展的中心。城市同時在數量和質量上迅速地成長起來，它們很快地獲得了對於農村在政治上、經濟上、技術上和知識上的絕對優勢。城市文化的價值體系整個地取代了農業文化的價值。

封建的貴族國家轉變成爲「階級國家」，亦卽由一個特定的階級，以制定憲章或以憲政方式來形成政治統治體系的國家形式。貴族與僧侶的階級對立已經失去了早期階段的純粹含義，他們自身的異化已使自己日益遠離了本來的階級本質。與此同時，產生了第三階級（亦稱第三等級）──布爾喬亞(Bourgeoisie)，

他們代表的是城市的生活和金錢的力量。他們開始在政治、經濟和各個文化領域，與原有的 統治階級——無論是貴族還是教會——爭奪自己應有的權力和地位。第三階級由此而逐漸成為並必然要成為社會政治領域中的嶄新力量和統治集團。

城市開始剝削鄉村，城市經濟同時也在吞併和消滅著鄉村經濟。金錢戰勝了土地的價值，亦戰勝了所有附著於土地、血液和種族的貴族氣質和文化特性。血緣關係日益顯得無關緊要，經濟關係或金錢關係開始走向或侵入到社會生活的所有層面。

僧侶的地位也在另一個世界中搖搖欲墜。市俗的力量不僅摧毀了貴族世系的榮耀顯赫，隨著宗教改革等運動的發展，宗教亦喪失了其固有的特權而成為民眾皆可參予的聖職。另一方面，科學和理性亦從 宗教中分 化出來，成為一種反 宗教神學的智慧力量，這種原先誕生於僧侶生活的智慧力量，如今成了無神論和其它反宗教勢力的最有力的武器。

在藝術和意識形態上，亦表現為相應的成熟和城市化。啟蒙思潮的興起和寫實主義文學的發展，以及理性崇拜和自然主義哲學等等，都是這一時期文化精神的表現形式。

晚期文化階段的發展，大致經歷了以下三個時期：

（1）原有的城邦（古希臘）或公國（中世紀晚期歐洲）開始從零散的割據狀態和各自為政的形式走向統一，逐漸形成統一的國家組織。處於這一時期的，有如埃及的中王朝時代（公元前2150-1800），於第十一王朝時，埃及開始形成了中央集權的官僚國家。中國的晚周（或東周）諸朝（公元前 800-500），紛爭的諸侯表現出了統一的趨勢，故有「合縱」、「連橫」之舉。愛奧尼亞時代（Ionic Period，公元前 650-300），雅典第一僭主政

治和城邦國家的形成。西歐則恰值巴洛克時代（1500-1800），皇族統治、貴族革命（法國）、反對黨和立憲政治，這個時代是與這些偉大的名字緊緊聯繫在一起的，如黎胥里奧（Richelien）、華倫斯坦（Wallenslein）、克倫威爾（Cromwell）等等。

（2）統一的國家形式高度發展，國家的權力成為絕對的統治力量。絕對的君主政體得以建立。鄉鎮和鄉鎮開始實現聯合，並逐步發展為新的城市。第三等級崛起而為與貴族、僧侶同等的階級，成為政治和經濟生活中的決定性力量。如埃及第十二王朝所表現的極端中央集權統治；古典文化的純粹波里斯時期所表現的絕對的平民政治；古羅馬的護民官制度；中國的春秋時代；法國1789年革命前的舊秩序時期；歐洲十八世紀所流行的洛可可藝術時期；路易十六和大弗里德里克時代等等。

（3）絕對的國家形式開始崩潰瓦解，舊式國家再也無法掌握其以往的絕對權力與權威，而第三等級所代表的市民階級則進一步要求更為自由和強大的政治權力。革命爆發了，革命的結果導致了拿破崙主義的出現和成功。在這文化發展的最後關頭，文明奠定了其取代文化的所有基礎：城市徹底戰勝了鄉村、城市工業戰勝了農業經濟、「人民」戰勝了個人專制和貴族權力、智慧或科學戰勝了傳統的觀念和宗教的力量、金錢戰勝了地產及所有的傳統價值（物質的和精神的）……我們可以在下列歷史事實中，找到這種種屬於文化晚期的特徵：公元前 1788-1680 年間的埃及革命和軍人政權的建立，埃及王國開始顯露出其面臨衰敗的預兆。中國的戰國時代，各國諸侯為反抗周朝天子試圖獨自稱霸而連年不斷的戰爭，最後推翻了那早已名存實亡的周王朝。公元前四世紀，古典文化也處在類似的社會革命形勢下，第二僭主政治

時代和大亞歷山大時代，便是古典文化進入晚期階段的標誌。而在西歐，則表現爲十八世紀末的法國革命和美國獨立戰爭（華盛頓、羅伯斯庇爾），以及震撼整個歐洲的強人拿破崙及其征戰與政治實踐。

總而言之，晚期文化階段的最爲顯著的標誌，便是城市的興起和發展爲占統治地位的文化背景，以及第三等級所代表的市民階級的崛起並逐漸成長爲統治階級。這兩個決定性的歷史因素，使得固有的社會關係、政治組織、國家形式、宗教信仰、哲學理性、藝術風格、經濟活動等等，總之，使得傳統文化的一切現象，都帶來了革命性的變遷。史賓格勒認爲，城市的興起以及城市取代鄉村而成爲統治地位的形式，是文化成熟的標誌，是人類試圖超越自然的最高表現。他說：「一切偉大的文化都是城市文化，這是一個結論性的事實，但前此誰也沒有認識到。晚期文化時代的人類是一種被市鎮所束縛的動物。世界歷史是市民的歷史，就是世界歷史的眞正標準，這種標準把它非常鮮明地從人的歷史中區分了出來。民族、國家、政治、宗教、各種藝術以及各種科學，都是以市鎮這一重要的人類現象爲基礎的」❻。

而當這種市鎮集合爲大城市，並成爲文化進一步發展的中心，文化便結束了第二階段，而進入了第三階段——即文明階段。

文明階段 (The Period of Civilization)

在史賓格勒的理論中，「文明」一詞具有十分確定的意義，

---

❻　同上，頁90。

它不像原有的對於文明的定義，僅僅將文明看成是與野蠻相對立的人類歷史的代名詞。「文明」在史賓格勒是指文化發展有機邏輯的結果、是文化有機體生長的終結、完成與終局。文明被賦予了週期性或命運的意味，並用以表述文化發展的有機的和必然的過程。

「文明階段是文化發展的最高也是最終的階段」。文明是一種發展了的人類所能做到的最表面和最人爲的狀態。「它們是一種終結——生成而後的現成；生命而後的死亡；原始母土和多立克時期、哥特時代精神上的童年成長而來的理智時代和石建的、石化中的世界城市。它們是一種結局，由於其內在的必然性，不可避免地一再地〔在文化發展的過程中——引者〕被達到」❼。

文明階段在中國始於戰國時期，經秦王朝統一中原、到東漢或三國時止（約 25-220）。古埃及王國始於公元前 1680 年至公元前1350年～1205年拉美西斯二世時止。羅馬帝國被視爲希臘傳統文化的文明階段，止於凱撒時代。西歐則始於1800年，至2000年止。

文明時代的最重要的特徵，就是世界城市（World City，也譯世界都會）的完成。城市不僅是所有文化活動的中心，而且成了一切文化現象的共同本質和唯一方式。再沒有農業的或農村的文化形式繼續生存的地位，一切活動，政治的、經濟的、社會的、意識的，都只能在城市文明的方式中得以進行。而且所有文化現象及文化活動的性質，也都毫無例外地和毫無個性地散發著同樣陰沉、機械重覆的城市特徵。

---

❼　同上，上卷，頁31。

　　史賓格勒認爲，城市最初在文化階段的意義，就如房屋對於農民的意義那樣，是「安定」，是一種牢牢紮根於土地之中的生命存在的場所。故爾它是統合於整個生存環境和諧景觀之中的，或者說，它只是鄉村的擴展或擴大的鄉村而已。惟有到了文化後期，城市開始漸漸脫離土地而成爲與自然景觀格格不入的現象。「那些高聳入雲的屋頂牆角、那些巴洛克的圓頂建築、塔頂、尖塔，與自然毫不相干，也根本不想與自然發生關係。然後，出現的便是巨大的國際都會、世界都會，它不能容忍其它的事物，存在於自己近畔，故而著手滅絕了鄉村的圖像。在從前某一段時間，城市曾一度謙遜地置身於風景的圖像中，安分守己，如今卻堅持要自行其是，睥睨自如。於是，郊野、大道、森林草原，變成了只是一個公園的景物……高大的、石砌的房屋之間，所呈現的圖像，猶如深邃而漫長的峽谷，彼此隔絕，房屋充瀰著彩色的塵埃、和奇異的喧囂，人們居住在這種屋子裏，簡直不可思議。人們的習俗，甚至面貌，都必須適應這種石頭的背景。……鄉下的農夫，無助無告地站在路上，茫無所措，也無人瞭解，只是被當作滑稽劇中的一個常用的典型，以及這個世界的日常食糧的供應者而已」❽。

　　在這脫離了土地的世界城市中，金錢成了世界的主宰，金錢統治代替了前此一切形式的統治，金錢的關係亦代替了前此一切形式的「人的關係」。金錢成了衡量一切（包括信仰、眞理、藝術、道德等）的價值標準，從而亦成爲整個社會和人羣運動及生活的根本動力。即便是政治和國家機器，亦是由金錢及少數握有

---

❽　陳曉林譯本《西方的沒落》，頁478

金錢的財閥們所操縱的玩物罷了。

在金錢的基礎上，以往的「階級國家」消亡了，讓位於由「第三等級」領導（實際上是金錢控制）的「全民國家」或「人民社會」。所有的等級、血緣或種族差別，如今已在金錢的光照下消失殆盡。「金錢面前人人平等」，便成了共和政治或民主政體的內在原則。階級的專制被代之以民主形式爲表象結構的金錢的專制。那些由啟蒙運動的思想家們所提出的「一律平等」、「天賦人權」、「公民投票」、「言論自由」等等原則，最後皆成爲空洞的口號或奇幻的理想，而實際上墜入被金錢操縱的命運。一切有關人權的美妙的性質，都成了需要金錢才能買到和沒有金錢便無從享受的東西。因此，通過民選而建立的現代民主制度，實質上便是擁有金錢的「第三等級」控制、操縱和統治的政治體制。與傳統的階級統治不同的是，階級的概念是與其種族和土地（貴族），或神聖超俗的精神境界和神授特權（僧侶）相關聯的，而第三等級的是徹底脫離了人的自然本性和神的超越特質的「新的階級」，是喪失了階級本質的階級，是通過金錢便能獲得而不論其出身、品行甚至能力的特權。

與金錢相配合、相對應的，便是才智或心智。正像史賓格勒所說，第三等級的主要支柱，「一是心智，一是金錢」❾。在世界都市的文明階段，人類醒覺意識也發展到了最高階段，小宇宙的因素已完全排斥大宇宙而希望獲得絕對的自由狀態。人類靈魂所跳動的來自深層命運的脈搏，已日益減弱，並完全服從於文明理智的張力。那種溫柔的、母性的機靈和直覺，也逐漸消失，而

---

❾ 同上，頁670。

代之以抽象的概念和科學的定律。「理智是以思想的演練，取代了潛意識的生命，它是君臨一切的，但是，沒有血色，貧瘠無力。理智的面貌，在一切種族中都是一樣的，──而在這些種族中，不能退步的，正是血液本身」❿。

人類心智進入了理性主義的時代，抽象的概念代替了活生生的生命世界，那種依據血液與身體的內在靈魂，也被抽象的智慧所扼殺。一切都被安置於機械的因果法則之中。時間消失了，惟有永恒的空間和永恒的次序。抽象的眞理和知識體系成了人類情感和一切精神活動的統治者，在這種絕對的理智統治下，人類靈魂創造力的源泉枯竭了，人類作爲有機體的一切潛力亦告終結。

因此，史賓格勒說：「城市是才智。大城市是『自由的』才智。由於反抗血統和傳統的『封建』勢力，市民或資產階級這一才智的階級才開始意識到自己的單獨存在。它用理性的名義，尤其是用『人民』的名義，推翻王位，限制特權，從此以後人民的意思就專指城市中人。民主是城裏人的世界觀要求農民也具有同一世界觀的一種政治形式。城市中的才智之士改造了靑春時期的偉大宗教，在貴族和僧侶的舊宗教以外建立起第三等級的新宗教，即自由科學。城市在經濟史中居於首位並控制了經濟史，以不同於物品的金錢的絕對觀念代替了同農村生活和思想永遠分不開的土地的原始價值」⓫。

而且，「世界城市意味著世界主義代替了母土，冷酷的『事所當然』代替了對於傳統與時代的尊敬，科學的非宗教變成了古老的、精神宗教的僵死代表，『社會』代替了國家，自然權利代

❿　同上，頁484。
⓫　《西方的沒落》，下卷，頁96-97。

替了力爭得來的權利。羅馬人勝過希臘人的地方在於把金錢看成一種無機的和抽象的量，看成跟那有出產的土地及原始價值完全無關的東西。從此以後，任何遠大的生活理想就大部分變成了一個金錢問題」⓬。

　　機器與技術，是文明階段由才智和金錢基礎上迅速發達起來的成果。文明人始終以現代技術和機器大生產的高效率爲文化進步的標誌，而史賓格勒則獨具慧眼地看到了機器和技術發展所帶來的消極結果。根據史賓格勒，高級動物的特性，就在於能在感覺外部世界的過程中，能將印象組合成邏輯或抽象成因果的關係，並且在此基礎上，將這種抽象的信念或理論，訴請於實際的運用，用現代的話說，即是將理論轉化爲應用技術。通過技術的發展和完善，人們提高了戰勝自然力和其它敵對力量的能力，並獲得了物質生產的巨大利益。但是隨著這個過程的進展，人對於技術的依賴性也日益增長著，尤其是到了大機器工業時代，人們便從技術和機器的操縱者，變成了奴僕。機器開始統治人，技術則成爲暴君。西方文化的人，如今已變成了自身產物的奴隸，他們成了「馬力」、「轉速」之類的東西，人變成了機器，而機器取代了人。生活的節奏隨著機器的運轉不能加快，靈魂已喪失了有關生活詩意的想像力，並最終葬身於機器的海洋之中。

　　與此同時，文明時代又以其文化心靈的儉樸求實、講究效益、不求形式等特點，消滅了傳統的文化藝術及宗教哲學。哲學從懷疑主義走向唯物主義，藝術則表現爲抽象的、人爲的和無心靈的象徵，宗教則被科學的宗教所取代（一切都被因果的「眞

────────────

⓬　同上，上卷，頁133。

理」或金錢的光亮所籠罩，人類不再需要虔敬和畏懼的信仰）。
這種空前樸實和有效的意識形態，正是人類創造力衰竭的證明。

到了文明階段，甚至人類的生命本身，都成了問題。由於傳
統、血緣、家族乃至種族觀念的退化和衰弱，由於個人日益發展
爲自我完滿和自私自利的個體，也就是說，「當存在失去根柢，
醒覺的存在充分地緊張起來的時候，一種現象突然在歷史的光輝
中出現了，這種現象早已秘密醞釀成熟，現在出來結束這齣戲劇
──這就是文明人類的不育狀態」。「在那時候，在佛教的印度
和在巴比倫一樣，在羅馬和在我們自己的城市一樣，不是要作爲
自己的兒女的母親，而是要作爲對方的『生活伴侶』，這成了一
個心理問題。易卜生式的婚姻出現了，這是一種『高級的精神結
合』……」❸。原始的婦女，以作母親爲自己的天職，而文明時
代的女人，則熱衷於自我實現──做女強人、女英雄，婚姻對於
她們，最重要的不是生育後代，不是盡母親之責，而是尋求所謂
的「志同道合」、「意氣相投」，和「愛情」、「詩意」這樣一
些理智的價值。在這種情形下，一切文明都經歷過連續幾個世紀
驚人的人口減少階段。

文明階段的最後表現是凱撒主義或帝國主義。凱撒主義在史
賓格勒是一種眞正有力的權力象徵，並把它看成是文明發展的最
高成就和最後一幕。他說：「我用凱撒主義這個詞，來指一種政
府，這種政府不論它具有什麼形態的憲法體制，在本質上都是一
種向無形式的倒退。羅馬的奧古斯都、中國的秦始皇、埃及的阿
瑪西斯(Amasis)、巴格達的阿爾普・阿爾斯蘭王(Alp Arslan)雖

---

❸　同上，下卷，頁104-105。

然都以古老的形式來掩飾他們的地位，其實這都無關緊要。……凱撒主義眞正的重點集中在完全個人的權力上，行使這種權力的人是凱撒，或其他任何有強力在自己的位置上行使它的人。這是從完滿形式的世界回到原始狀態，回到大宇宙的無歷史的狀態。生物學的時代再一次接替了歷史時代空出來的位置」❹。

凱撒主義是世界城市中心智與金錢發展到極致的結果。當金錢摧毀了文化的傳統秩序，當金錢使人類靈魂和情感完全封閉，當金錢迫使政治上的民主制度完全取代了各種形式的階級統治──凱撒式的強人便應運而生了。他們註定是要在這個時候，來收拾文明社會這行將死亡的、一無形式的最後關頭。他們僅只依靠個人的強權和強力，依靠蠻橫的「權力意志」而肆意擴展自己的野心和勢力，用武力或戰爭，代替了金錢的統治。他們重又顯示出血液的力量和種族的榮耀，以取代那僵化的才智（理性）和離散的政治。個人和強力成了一切，成了世界的統治者，原來意義上的國家、政治、理性等等，全都歸於消亡了。

所謂強力的最高形式就是戰爭。帝國主義時代是世界戰爭的時代，經濟交往是以大炮和火箭、硝煙與鮮血的方式來進行的。而文明時代的人，原已適應了安逸機械的生活，他們做慣了金錢和機器的奴隸，早已喪失了任何應戰的勇氣和能力，他們所謂「世界和平」的口號，不過就是他們隨時準備屈服武力，甚至不惜出讓國家的遮羞布而已。野蠻開始戰勝文明，在他們生龍活虎的形象面前，站著蒼白無力的文明人。小宇宙死亡了，醒覺的意識死亡了。野蠻的強人們佔領了一切可以佔領的地盤，他們恣意地

---

❹ 同上，頁431。

享受和揮霍文明的成果和財富，並用它們來作最後掃蕩文明的工具和武器。「凱撒的宮室，摧毀了羅馬的歷史；始皇帝的宮室，摧毀了中國的歷史。隱約之間，我們可以辨析出埃及女王哈達蘇 (Hatshepsut) 及其兄弟們，情形也是如此。這是走向終局的最後一步」❻。

※　　　　※　　　　※　　　　※　　　　※

就像春夏秋多四 季遞遷一樣，文化終於 走完了 它的週期，合乎命運地走向了死亡 —— 它的歸宿。人再次成為植物（大宇宙）；成為依附於母土的農夫；成為生兒育女的母親；或者重又散居鄉村，或者擁簇於已成墳墓的世界都市的軀殼之中，沉默而堅忍地殘存著、掙扎著。歷史結束了，隨著文化的消亡。

這不是有 目的的、人為的安排，也沒有什麼因 果的律法可尋，這就是命運——文化的命運。這種命運是自行其是地週而復始的，現有的或存在過的所有文化類型，都曾經或將要經歷同樣的命運。

史賓格勒認為，認識了文化的命運，便把握了歷史的本質，亦即把握了自身文化的未來（故爾他自稱是「未來的哲學」）。因而他確信自己是了解西方文化未來的先知，他認為西方文化已經到達了文明階段，並已到達文化發展的極限。「我們目前的時代，正代表一個過渡狀態，這過渡狀態正確實發生於各個分別的情況之中……所以，西方的未來，並不是針對我們目前的理想，作無限制的推進」，而是「必須經由冷酷堅實的事實，來推算我們後期的生命，我們並不能與柏里克里斯時代的雅典人相比，我

---

❻　陳曉林譯本《西方的沒落》，頁694。

們乃是凱撒時代的羅馬人，對於西方人而言，將永不會再有偉大的繪畫與偉大的音樂問題。西方人的建築的可能潛力，在這一千年來亦已發揮殆盡，只剩下向外擴張的可能性了。可是，對於這充滿了無限的希望、美好而堅強的一代人而言，我並不認為，及早發現某些希望必歸泡影，是有任何害處的。而如果被毀滅的，是那些最親愛的希望，則一個能經得起一切考驗的人，仍是不會驚恐沮喪的」❻。

這就是他通過對於歷史的比較研究和對於命運的深刻自覺，而得出的對於現代西方文化前途的預測，他還預算到西方文明將死於2200年。

這就是史賓格勒的文化宿命論，亦是《西方的沒落》的基本精神所在。

---

❻　同上，頁80-82。

附　表

　　為了便於讀者對史賓格勒文化分期的大致線索，特附史賓格勒所製圖表如下。所列表格均引自陳曉林譯《西方的沒落》。

表一　各大文化相應的精神階段(Contemporary Spiritual Epoches)

約略年代	季節及階段	印度文化	古典文化	阿拉伯文化	西方文化
春　季	鄉野直覺的靈魂，從睡夢中覺醒，凝成偉大的創造活動，超個人的統一和充實。				
0～300	1.一個大風格的神話誕生，對神表現全新的熱忱，宇宙敬畏，人世熱情。	阿利安族英雄詩	伊里亞得史詩	啟示錄	尼布龍之歌
200～600	2.新世界觀早期的神秘與形上思想完成，經院主義之高峯。	吠陀經典	神譜學宇宙開闢論	新柏拉圖主義三位一體之神學論爭	基督教經院哲學
夏　季	日趨成熟的意識，早期城市的活躍與批判的運動。				
550～750	3.宗教改革，內在的對過去春季成就的反抗。4.純粹哲學的世	奧義書	愛奧尼亞人哲學家	穆罕默德	文藝復興宗教改革馬丁路德克倫威爾布魯諾、哥

年代	精神時代				
600～800	界觀出現；理想主義與現實主義之對抗。 5.新的數學概念形成，宇宙形式與內容確定。 6.清教思想：——理性主義與神秘主義開始下坡。	叢林哲學經典；幾何學大要	畢達哥拉斯詭辯學派柏拉圖	廸迦法(Djafar)	白尼、加里略、刻卜勒、笛卡兒、牛頓、巴斯卡

秋　季　城市的智慧，純粹心智創造的最高峯。

年代	精神時代				
750～900	7.啟蒙運動，理性萬能，對自然與理性之崇拜。	迦比羅，瑜珈	詭辯學派、蘇格拉底、德模克利特斯	阿凡西那(Aveicenna)	英國的理性派(洛克)、法國的百科全書派、服爾泰、盧梭
	8.數學思想的最高崇，數學的形式世界闡明無遺。		阿基塔斯、柏拉圖		尤拉、拉格雷基、拉普拉斯
	9.偉大的成熟階段。		柏拉圖、亞理斯多德		歌德、康德、黑格爾

冬　季　大都市文明的早晨，精神創造力量的消失，生命本身成了問題，非宗教而反形上的國際主義，已表現在實際倫理方面。

年代	精神時代				
900～1400	10.唯物主觀，科學崇拜，功利與繁榮。		伊比鳩學派	阿拉伯科學	邊沁、孔德、達爾文、斯賓塞、馬克斯
	11.倫理性與社會性的思想，懷疑論。	釋迦牟尼	斯多噶學派犬儒派		叔本華、尼采、社會主義華格納、無政府主義、易卜生、
	12.數學思想的完成，終結的開始。	耆那教	懷疑派	阿弗羅士(Averroes)阿爾迦西(Algazzi)	高斯、黎曼、康德派、邏輯學派、心理學派
	13.抽象思考墮落為職業性的課堂哲學，一切書籍的手冊化。	佛教	斯多噶學派神秘派		

			神秘派 （奧瑪哈耶 Omar Khayam)	
14.「世界末日」 思想的傳播。	佛教	伊比鳩學派		1900年之後 的倫理社會 主義

表二　各大文化相應的文化階段（Cotemporary Cultural
Epochs）

先文化時期：　原始的表達形式混沌未開，　神秘的象徵，　淳樸的模
仿。

文化：包括整個內在風格之形成的生命歷程，深邃的基本象徵，必然
的形式語言。

約略年代	文 化 的 階 段	埃及文化	古典文化	阿拉伯文化	西方文化
文化早期　建築與裝飾，表達爲年輕的、民族的世界感受之外在形式。					
0～200	1.誕生與崛起， 形式由母土之 中迸躍而出， 不自覺地形成 了。	第四王朝	荷馬史詩中 的阿加曼農 時代	戴克里先時 代	查里曼時代
200～400	2.早期形式語言 之完成。	第六王朝	荷馬史詩中 的奧廸賽時 代	凱散匿王國 時代	君主與教皇 專政時代 哥德式建築
400～600	3.創造性可能潛 力之衰竭， 內在的矛盾出 現。	第七至第九 王朝	愛奧尼亞之 商業城市	拜占庭時代	百年戰爭 薔薇戰爭
文化晚期　在藝術家的手中，形成都市中有意識的藝術。					
600～800	1.成熟的藝術處 理方法之完 成。	第十一至十 二王朝	獨裁、民治、 僭主政治	查士丁尼 至哈路姆（ Haroum) 時代	中古王朝至 路易十四
800～900	2.心智化的形式 語言，趨於完 美。	第十三至十 四王朝	社會革命	塞耳柱土耳 其時代	法國革命 拿破崙

	3.嚴格的創造性之衰竭，偉大的形式之解消，風格之終結，「古典主義」與「浪漫主義」之出現。		希臘悲劇雕塑藝術	阿拉伯式鑲嵌	文藝復興至巴鑊克時代藍布朗、貝多芬、莫札特
文明時期	缺乏內在的形式，大都會的藝術，變成了日常的瑣務，奢侈的運動，神經的刺激，花式的變幻、復古、胡混、模仿、剽竊。				
900～1100	1.「現代藝術」，「藝術問題」，竭力去描寫或鼓動大都會中雜居的意識。音樂、建築、繪畫，淪落為工藝性的技術。	希克索時代	大希臘風時代	巴格達回教時代	印象主義與華格納的音樂
1100～1200	2.形式發展的完全終止，無意識的、空虛的、人工的、矯飾的建築與裝飾。模仿古代的與異地的題旨。	第十八王朝	蘇拉至凱撒	撒拉森人的裝飾藝術	西元後2000年
1200～1400	3.最後的一幕：形成一套固定的形式，淪為純粹的工藝技術。	第十九王朝	奧古斯都大帝	回教鄂圖曼土耳其時代	西元後2100年
1400以後	文化生命之終結完全陷入於停滯。	西元前1100年	西元後1100年	西元後1400年	

表三　各大文化相應的政治階段　(Contemporary Political Epoches)

先文化時期：原始人類、部族與首領，尚無「政治」與「國家」可言。

文化: 確定的風格與獨特的世界感受，形成了不同的文化民族與「國家」，內在的理念發揮了作用。

約略年代	文化的階段	埃及文化	古典文化	中國文化	西方文化
文化早期	政治存有的有機體形成，貴族與僧侶兩大階級出現，封建經濟開始，純粹著重於耕地成土地的價。				
0～200	1.封建初期，鄉土精神，「城市」作爲交易中心，騎士與宗教，諸侯與君主。	第四王朝	荷馬史詩中的阿加曼農時代	早期周期:貴族封建	查理曼，神聖羅馬帝國，十字軍，教皇統治。
200～400	2.貴族國家的出現。	第六王朝	荷馬史詩中的奧廸賽時代	懿王，皇室缺位	地方諸侯，文藝復興時的大城市；1254年的皇室缺位。
400～600	3.封建後期	第七至第九王朝	愛奧尼亞之商業城市	晚周（西元前800～500）五霸，會盟	王室的家族權力及諸侯「食邑」，華倫斯坦、克倫威爾。
文化晚期	成熟的國家觀念之實現，都市對抗鄉村，第三階級——市民興起，金錢邁向勝利，壓倒了土地的資產。				
600～800	1.嚴格形式的國家之形成，政黨鬪爭。 2.國家形式之高潮，城市與鄉村之統一。	第十一至十二王朝	獨裁政治、城邦民主，僭主政治	春秋時代（西元前 590～480）七國並立:國家狀態之出現。	哈布斯堡王朝，波本王朝，路易十四，腓特烈大帝。
800～900	3.國家形式之衰弛（革命與拿破崙主義），城市壓服了鄉村。	第十三至十四王朝	西元四世紀希臘社會革命	西元前 480年：戰國開始；441年，周室滅亡，革命與混戰。	美國獨立，法國革命，拿破崙

文明時期	人民的團體，至此已在構造上，成為都市性格的樣態，解消為漫無形式的羣眾，大都會與鄉野分離，第四階級——暴民崛起，這些人是無體制的，國際性的，世界性的。			
900～1100	第四階級之興起，金錢摧殘了民主，經濟的力量，滲透了政治的形式與權力。	希克索時代	大希臘風時代	戰國到秦王嬴政的統一帝國	自拿破崙至第一次世界大戰，強權政治，帝國主義，獨裁巨頭之出現。
1100～1200	凱撒主義的形式，武力克服了金錢，政治形式趨於原始化，國家解離為一批無形式的人口，獨裁政體日趨野蠻。	第十八王朝	蘇拉至凱撒	秦；西漢；武帝	2000～2200
1200～1400	帝國時代，最後形式完成，「家天下」的政治；世界成為戰利品；一切文化僵化；野蠻及年青民族，開始劫掠「文明民族」及帝國本身；一切文明生活，進入原始化的狀態。	第十九王朝	奧古斯都大帝	西元前25～220年；東漢58～71；明帝。	2200年以後
1400以後	文化生命之終結，完全陷入於停滯。				

第六章　多元的世界

　　在史賓格勒的文化歷史哲學中，與文化宿命論緊密關係的，就是他的文化多元論。史賓格勒認為，只有自然的世界才是有體系的、受僵化的因果律支配的系統。而歷史世界或世界歷史，則是人們在現實的生活中，根據自身完善的要求加以實現或創造而成的，在那裏，沒有什麼是經常的、永恆的，也沒有什麼是普遍的、絕對的。同樣，只有以自然世界為基礎的自然科學和傳統哲學，才會以某種絕對的、普遍的真理，作為他們追求世界本質與科學法則的前提。而歷史哲學或「歷史觀相學」則堅持主張，作為歷史的世界並不存在任何「真理」，可以用來充當理解或解釋歷史的抽象原則。惟有歷史中實際發生的「單一的事實」，亦即那些活生生的人羣和文化個體在其生命歷程中所經驗的個別事件，才是我們理解全部歷史的基礎。

　　所以，歷史的世界應該是相對的和多元的世界。這是因為，

　　(一)作為理解或解釋的歷史，是人們根據自身關係的性質而規定的，在不同的人，不同的階級、不同的民族那裏，歷史和文化的形式觀念就會不同，而這些不同的觀念因素，本身又缺乏正確或錯誤的基本尺度。因而沒有一種普遍有效的歷史觀念或理論模式。

（二）作為歷史本身，不同的文化和人類總是根據自身特殊的要求和環境狀態來選定其生活方式和發展方向的，因此歷史會根據文化存在或文化模式的特殊性和多樣性表現出自身的相對性。

（三）文化是有機的存在個體，它們是依據自身生命活動的特性或命運，在特定的時間和地點，獨立地發生、發展並走向死亡的。在這「有機生物體」生長和消亡的命運面前，沒有哪個文化可以超越其它文化而享有更為優越和永垂不朽的特性。因此，文化沒有優劣之分，它們的存在價值是同等的，它們的歷史地位是同等的。

據此，史賓格勒竭力反對將歷史籠統地區分為「古代——中世紀——現代」的陳舊教條，特別是由此教條而產生的「歐洲中心論」。他堅持將其它各大文化的歷史與存在，同歐洲文化相提並論：「在我的系統中，不承認古典文化或西歐文化，相對於印度、巴比倫、中國、埃及、阿拉伯及墨西哥文化而言，有何特殊的地位。因為這些分別存在的文化，從物質的觀點來看，並不弱於古典文化，而且經常在精神的偉大及力量的飛騰方面，超越了古典文化」❶。

史賓格勒稱自己的歷史文化多元論，是在歷史領域裏實現的一場「哥白尼式」革命。因為他用多元論的新觀念，代替了傳統史學的歐洲為中心展開歷史的「托勒密式的歷史系統」。

在史賓格勒看來，那種「古代——中世紀——現代」的歷史構架，一方面導致了將歷史看成無限進步過程的進化史觀（就像我們在前一章中所分析的那樣）；另一方面也造成了以歐洲為中

---

❶ 陳曉林譯《西方的沒落》，頁54。

心的歷史理解。這種「歐洲中心論」的傳統觀念。幾乎完全統治了西方史學的思維方式。人們習慣地將西歐文化的發展——從古希臘羅馬到現代西方文化——看作是人類歷史的主幹系統，相對而論，其它各大文化的存在和歷史，卻被放放到了次要的地位而絲毫不予重視。就像托勒密的「地心說」一樣，他們將西歐文化當成是歷史系統的中心，其它文化只是環繞這一中心旋轉的「小行星」。史賓格勒指出，這種觀念是可笑的，它阻礙了歷史研究者真正認識西歐文化在人類歷史中的真正地位，更妨害了人們對於真實歷史的全面認識。

這種觀念將十八世紀後的西歐文化冠之以「現代」歷史，用以標示自己為歷史進步的最高階段和最高象徵。依據西方文化（工業社會）的模式，他們將一切外在於西方的文化認定「原始的」、「古代的」、「落後的」、「不發達的」文化。例如，他們將埃及與巴比倫，僅僅看作是古希臘羅馬文化興起的「序幕」，將巨大而輝煌的印度和中國文化，看作「古代」或早期文化的代表；至於美洲及其它的各大文化，則根本熟視無睹，因為相對於如今的西方文化，它們實在是落後、渺小得可以忽略不記了。

這種觀念最典型的代表，恐怕要推黑格爾和馬克思了。

黑格爾將歷史描繪成「絕對觀念」由混沌到清晰，由矛盾或差別對立、衝突再到和諧統一的過程。就哲學而論，他根本不承認古希臘之外的文化也曾擁有哲學，當論及中國及東方哲學的時候，他便把中國及東方人的哲學思維說成是單純的和有限的意志。正是由於東方人停留在意志有限性的階段，所以他們就不可能以簡單樸素的思維，超越而達哲學的構造。真正的哲學發展

開始於古希臘，經過兩千多年的觀念運動或辯證邏輯的運行，絕對觀念終於在黑格爾的哲學中得以實現其完美的頂點。這就是黑格爾的所謂哲學史。而就世界歷史而言，中國、埃及、巴比倫等文化只是人類先期的文化形態。它們被看作人類由原始狀態向文化狀態最初的過渡時期，是人類早期意識萌芽和覺醒的時期。因而當希臘文化興起之後，文化的發展或歷史的主體便轉到了歐洲。然後，再經過奴隸制和封建制，通過絕對觀念辯證運動，歷史才達到了自身的頂點——普魯士王國。普魯士王國在黑格爾看來是人類歷史發展的最高階段，是國家的最高形式，是絕對觀念的最後實現，也是人類歷史中最理想、最完滿的文化結構。相比之下，其它的文化，甚至普魯士王國以外的歐洲國家，都是較低級的或沒有發展完全的文化模式。這是何其自以爲是的謬論啊!

馬克思的思想方法與黑格爾的基本相同，他也認爲歷史是一個不斷地由低級向高級的進步過程，不同的是在於他用人類本質的異化與人類的物質生產活動，代替了黑格爾的「絕對觀念」。

馬克思是進化論的擁護者，在歷史發展觀上亦持線性觀點。他堅信人類是由高級動物猿人進化而來，並且還將繼續進步，直到他所理想的「共產主義」最後實現。依據這種信念，他將歷史分爲五個階段，亦稱五大社會形態：即「原始社會」、「奴隸社會」、「封建社會」、「資本社會」和「共產社會」。無論哪一種文化形態或模式，都會經歷這同樣的五個階段。

將歷史作如此劃分的依據是物質生產的水平和手段。例如石器是原始社會的標誌，青銅器、手推磨、蒸汽機則分別代表奴隸社會、資本社會的社會性質。正是這種物質生產力和生產工具的改進和發展，推動了社會文化的進步。所以，無論哪一種文化，

最終都必須服從這種進步的「歷史規律」，誰都阻擋不了這歷史
車輪的滾滾向前。

　　按照史賓格勒，馬克思也犯了線性發展觀和歐洲中心論的相
同錯誤。首先，馬克思所謂社會進步的五大階段，與古代——中
世紀——現代的教條無甚本質的區別，都是以歐洲文化的歷史為
依據（馬克思晚年自己也承認了這點），憑什麼將其擴展為人類
文化的唯一模式。其次，以工具和科技為歷史進步的尺度，實際
上也是依據現代西方文化的成果，去量度其它非工業文化類型，
這本身就是將西方文化看成「先進文化」而凌駕於他人之上的態
度。從許多文化發展的過程看，工業與科技並不一定就是決定其
興盛與衰亡的絕對尺度。同時，他還將西歐社會的人的狀態，看
成全體人類的狀態，西歐的共產主義運動，亦就是全人類的事
業。這種抽象的人類觀念，實質上也就是歐洲人類的觀念。歐洲
人的解放，就成了人類解放的標誌。所以在馬克思的預言中，共
產主義首先將在歐洲發達工業國家實現，然後再有世界性的人類
解放。且不論馬克思的共產主義是空想還是科學，單就其所用的
思想方法便已大錯特錯了，在線性發展觀和歐洲中心論的基礎
上，怎麼會得到一個對於歷史和文化的真正理解呢？

　　在史賓格勒看來，不僅是黑格爾和馬克思，還有叔本華、孔
德、費爾巴哈(Feuerbach, 1804-1872)、霍布斯(Hobbes, 1585-
1679) 等等，亦或是他所崇拜的尼采，都沒有超出如此歐洲中心
論的藩籬。他們也都是將屬於自身文化的經驗或事實，自覺或不
自覺地誇大為「普遍適用的原則」，以此來規範和制定整個人類
其它文化的歷史進程。他們總是不願意承認，不同的文化，會有
其完全不同的存在方式，和判定價值的特殊標準。因此，要獲得

眞正的歷史理解，就必須克服上述偏見和教條，並且大大地超越尼采及其同代人的幼稚的相對主義，而代之的史賓格勒自創的歷史多元論。

史賓格勒眼中的歷史世界，是一個由多種文化類型組成的多元世界。在他的視野裏，沒有一種抽象的人類生存和文化發展的模式，各個文化都以自己獨特的方式產生、發展和沒落，都各自擁有其它文化所不能替代甚至不能摹仿的特殊性質。因而這是一個百花紛呈、氣象萬千的世界。

在這樣的世界裏，「我看到的是一羣偉大文化組成的戲劇，其中每一種文化都以原始的力量以它的母土中勃興起來，都在它的整個生活期中堅實地和其母土緊緊聯繫着；每一種文化都把自己的影像印在它的材料、即它的人類身上；每一種文化各有自己的觀念，自己的情欲，自己的生活、願望和情感，自己的死亡。……在這裏，文化、民族、語言、眞理、神祇、風光等等，有如橡樹與石松、花朵、枝條與樹葉，從盛開到衰老，──只是沒有衰老的『人類』。每一種文化都有它的自我表現的新的可能，從誕生到成熟，再到衰落，永不復返。世上不只有一種雕塑、一種繪畫、一種數學、一種物理學，而是有很多種，在其本質的最深處，它們是各不相同，各有其生存期限，各自獨立的，正與每一種植物各有不同的花、果、不同的生長與衰落方式是一樣的」❷。

基於這樣的文化多元論，史賓格勒逐個研究了他所區分的八大文化類型──埃及文化、巴比倫文化、印度文化、中國文化、

---

❷　《西方的沒落》，上卷，頁21。

古典文化（亦稱阿波羅文化）、阿拉伯文化（亦稱馬日文化）、西方文化（亦稱浮士德文化）和墨西哥文化。通過史賓格勒的研究和分析，一幅各大文化獨立發展、此起彼伏的世界圖景豁然而現。

史賓格勒用的區分各大文化的標誌，不是「古代」、「現代」、「進步」、「落後」這些線性發展觀的概念，也不是「生產力」、「工具」、「農業」或「人性」這些「抽象人類」的普遍尺度，而是每個文化所獨具的「基本象徵」。

每一個文化，皆基於其基本象徵之上，這些基本象徵作爲各大文化存在的基本前提，是與其它文化完全不相同的。基本象徵是文化靈魂醒覺的自我意識在其文化創造的過程中選定的基本符號，它代表了文化精神獨特的生命感受和創造意向。一切具體的文化現象及其性質，皆是由此基本象徵決定的。任何科學和哲學的、藝術和宗教的、思維和行爲的、政治和道德的，總之，各文化在生命或生活歷程中所體現的各種個性特徵，皆取決於基本象徵的獨特樣式。

基本象徵是由文化精神或文化創造的特殊導向 (Direction) 衍生而來。根據史賓格勒，由於文化靈魂在命運的昭示下猛醒，「它突然體認到距離和時間，於是，經由廣延的象徵，而茁生出了它的外在世界，於是，此一象徵，便成爲、而且一直保持爲其生命的『基本象徵』。基本象徵表達了此文化的特殊風格及歷史形式，而在此等歷史形式之中，文化的靈魂便不斷在實現它的內在的可能潛力」❸。

---

❸　陳曉林譯本《西方的沒落》，頁188。

因此，惟有深入地理解了各大文化的基本象徵，我們才能理解它們的存在特性、生活方式和生命意義所在。下面我們便就各大文化的基本象徵，作一簡單的「概覽」，也許能有助於讀者理解史賓格勒的多元的歷史文化圖景。

史賓格勒認爲，古典文化或「阿波羅文化」的基本象徵，是「感性的、現實的、有限的和個別的物體（Body）」。古典人所最爲關心的問題，是關於感性對象的實在性，及其本源或基質的問題。實在性是古希臘哲學的最高命題。他們沒有「絕對空間」亦卽空無的空間概念，惟有實體、質料、個體、形式等等與感性具體相關的概念。尤其是古希臘早期哲學，被拿來作爲世界本源的，皆爲具體可感的物質形態，例如泰勒斯（Thales，約公元前624-547）的「水」；赫拉克利特的「火」；德謨克利特（Democritus，公元前 460-370 ）的「原子」等等，都試圖用感性可以知覺的具體事物，來解釋整個世界的本質和起源的。

這種「具體」的精神特徵，表現在具體的文化現象中，便有裸體的雕像（健美而感性的身體）；具有活生生人類情感和特性的奧林匹亞山上的眾神；政治上獨立的古希臘城邦；奧狄普斯（Oedipus）的噩運和生殖器崇拜等等，均表現了古典文化基本象徵那種強調感性、重視實體、注重個性等精神導向。

古典文化的世界感受，其最極端、最宏偉的表現，便是多力克神廟。多力克神廟牢牢地紮根於大地之中，惟有內在的空隙存在於巨大的圓柱之間，和分別的神像之間。多立克神廟完全否定了內部空間的存在，只強調實在的物體——卽通過巨大圓柱和具體的神像所體現的有形和感性的形式，因而顯得凝重、宏偉，讓人深切地感受到實體世界對人的壓迫和逼近。

古典文化的宇宙，是由諸多神祇所體現的分殊形相或個體存在的多元的宇宙。無論是世俗的英雄，還是奧林匹克的眾神，均為有形的實體，他們都是可以通過雕像的可感的形式來加以表現的。尤其是在柏拉圖之前，希臘神話與荷馬史詩中的諸神，均表現為有血有肉，充滿人性，栩栩如生的個體形象，他們在奧林匹斯山上的生活，實際上就是古希臘人世俗生活理想化的剪影。他們具有矯健和美麗的身體，而且充滿情感、愛憎分明。他們戀愛、爭吵、妒嫉、角鬥，甚至強姦、淫亂……在如此眾神的統治下，古典人類並不生活在宗教禮儀的嚴厲管束之中，他們敬神，但並不因神或對神的畏懼而放棄哪怕是一丁點的感性生活。用尼采的話說，古典人是命運的承受者，他們崇拜命運——無論命運給他們帶來的是幸福還是痛苦、是生命還是死亡、是榮耀還是毀滅……他們是生命和生活的現實的享用者，他們亦是死亡和悲劇的享用者。所以古典文化的宗教，與他們現實的、感性個體的基本象徵完全吻合，是一種生活的和塵世的宗教，這與其它形式的宗教（尤其是基督教）是完全不同的。

古典文化的醒覺意識是「純粹現在的」，他們不僅對空間毫無興趣，而且對時間也極不重視。他們只關心現在和當下的事情，而「未來」和「過去」均是可以忽略的事情。「古典文化沒有回憶，也沒有所謂歷史的官能。古典人的記憶……與我們的完全不同，因為過去與未來這樣一種生活意識中的觀念序列在他們的意識中是不存在的，只有「純粹的現在」——即經常引起歌德對於古典生活的每一項產品，尤其是雕塑深表欽羨的那種內在因素——以一種我們全然不能理喻的強度，充滿了他們的生命」❹。這種

❹ 《西方的沒落》，上卷，頁9。

純粹現在的精神，十分典型地表現在多立克圓柱對於時間的否逆性上。這種否逆性，也同樣表現在索福克利斯(Sophocles，公元前 496?-406)的悲劇，雅典政治家及羅馬執政官們的實踐之中。卽使是「史學之父」修西底特斯 (Thucydides，約公元前五世紀)的歷史著作，也僅僅是對於當時發生事件的經驗描述而已，他旣做不到對整個歷史全景的把握，亦做不到將過去的事件與他經驗所不及的其它事件聯繫起來。這種歷史感的缺乏，亦可以以他著作的第一頁中的一句話裏得到證實，他說，在他生活的時代之前（約公元前 400），「世界上沒有發生過任何重大的事件」❺。

總的來說，古典文化的精神表現為重實體而輕空間、重感性而輕理性、重肉體而輕靈魂、重世俗而輕宗教、重現在而輕歷史等等。這種特徵豐富而鮮明地體現在他們的文化生活和發展過程中，體現在他們的文化創造中──政治制度、意識型態、藝術成就、哲學體系、數學及自然科學、宗教形式等等。

儘管現代西方文化（浮士德文化）與古典文化有著千絲萬縷的內在關係，但是在史賓格勒眼裏，兩者是全然不同的兩種文化類型，且具有著完全不同乃至相反的基本象徵。

浮士德文化的基本象徵是「純粹而無限的空間」，相對於古典的阿波羅精神，「空間」恰是對那些短暫卽逝、感性具體的因素的否定，它所代表的，乃是一種精神性的東西。「空間」所追求的，是具像背面的「深度」和「廣度」，是一種精神的擴張，和對無限的崇拜。浮士德文化用純粹而無限的空間，來代替古典文化那些有限的感性實體，以表現其理性精神的無限張力。他們

---

❺ 同上，頁10。

用「運動」、「力」、「質量」的概念，代替古典的「位置」、「物質」，與「形式」概念，並把這些概念，盡力發揮在純粹空間部門的「容量」和「張力」之中。與阿波羅只有肉體沒有歷史或內在發展的自我不同，浮士德文化的人將自我看成是無限的、內在的和反省的精神現象。還有伽利略的力學、笛卡兒的數學、天主教或異教的教義、巴洛克的偉大王朝、李爾王時代、但丁的聖母理想和歌德的《浮士德》……無一不是「無限的空間」這一基本象徵的展開和實現。

在藝術創作上，浮士德文化的表現形式是側重空間的深度和強烈的歷史感。如克勞德・羅倫 (Claude Lorrain, 1600-1682) 的風景畫，著意表現空間，圖中的所有形體，都充滿一種氛圍的、透視的特點，彷彿純粹是光線及陰影的載體。如此消去世界的具象而展現空間內涵的極端表現，便是後期的印象主義藝術。西方文化所擁有的「器樂音樂」，更是將形式世界與純粹空間的沉思和視域緊密結合的產物。浮士德音樂將靈魂從塵世的重負中解脫出來，融匯於無窮與永恆之中。音樂同時也真正從依附於人類自身聲音的侷限中解脫出來，從固執於具體事物的遺風中解脫出來，成為一門獨立的藝術形式。在浮士德式的雕塑藝術中，如米蓋蘭基羅的作品中，便完全否定了古典歐幾里德式的靜態形式，而代之的運動的性質和精神的傾向。我們可以從他們的作品中，強烈地感受到「純粹空間」那種遙遠、空曠和深度。

浮士德的靈魂不是固執於現在的，它的醒覺意識是歷史的意識，在無限的空間中，內蘊著通向過去和未來的時間深度與導向。人不僅是現時的存在，而是從過去到現在並走向未來的無限的存在，因而現時或現世只是無限時間中十分短暫、十分渺小的

一瞬，相對於未來和永恆，實在顯得微不足道。這便有了「上帝」和「來世」的觀念。上帝是永恆生命的主宰和來世生活的象徵，是脫離了具像只能經由理性的沉思和堅定的信仰而認識的絕對存在。哥德式的教堂以其高聳的尖頂直指蒼穹，便體現了浮士德靈魂對無限空間的強烈嚮往和崇敬。

與宗教發展幾乎同步的，便是西方的自然科學。史賓格勒認為，西方的科學精神也是其基本象徵的體現，而最典型的體現便是物理學（力學）。科學是宗教的另一種表現形式，包括無神論在內，他們表現的，仍然是文化靈魂的特性。例如，「巴洛克時代宗教上流行的是『自然神論』（Deism），物理上隨之而來的便是動力學與解析學，而『自然神論』的三原則：『上帝』、『自由』、『不朽』，表現在力學的語言中，便成了伽利略的『慣性原理』、德蘭伯特的『最小作用』、與美以爾的『能量守恆』」❻。西方物理學的內容，可以說就是力的教條，它是與浮士德文化強調「空間」、「距離」和「時間」直接相聯的。「如果我們重溫一下，自從『力』的中心概念，在巴洛克產生後，所經過的諸個階段，以及其與偉大的藝術與數學的形式世界，所具有的密切關係，我們可以發現：（1）在十七世（伽利略、牛頓、萊布尼茲），力的概念形成，是趨向於『圖像式』的，而與偉大的油畫藝術頗為調和，油畫藝術約於1630年告終；於是（2）在十八世紀（拉普拉斯與拉格雷基的『古典』力學），力的概念獲得了『複調風格』的抽象特性，而與巴哈的音樂相一致；再後來（3）在文化已達終點，而文明化的心智，已壓倒了精神的時候，力的

---

❻ 陳曉林譯《西方的沒落》，頁404。

概念，則出現在純粹分析的領域中，尤其在多項複變函數中。力的最現代的形式，若沒有分析與多項複變的知識，已絕難獲得理解」❼。

　　浮士德文化的基本象徵，表現在靈魂意向上，便是「意志」。史賓格勒將西方文化稱爲「意志的文化」。在他看來，意志所代表的「導向感受」，是與理性所代表的「空間感受」結合爲一體的。浮士德精神注重的是「我」，是自我的完成和自我的實現，是自我的存在和自我的擴張。作爲第一人稱的「我」，就書寫在高聳的哥德式教堂尖塔上，和教堂前的飛柱上（都象徵著「I」）。我的快樂、我的滿足和我的不朽，擴大到文化領域，便是我的階級、我的國家、我的人民，我們的滿足和擴展——便是「意志」所主導下的西方歷史圖景，和西方歷史的根基。歸根結底，在史賓格勒看來，深度空間與意志是合爲一體的，它們表現在哥白尼和哥侖布的理論和行爲中，表現在拿破崙的征戰中，也表現在物理學中「力場」和「位能」的概念中。意志的文化特性，就是征服，擴張乃至侵略，是占領空間的無限欲望，是強烈的「權力意志」。在人道、和平、博愛、自由等空洞的口號下，深深隱藏著征服世界的「權力意志」，他們希望用自己的意志和精神，重新組織和鑄造整個世界，並不惜動用強大而野蠻的武裝力量。在哲學上，康德代表了這種「權力意志」，因爲他念念不忘將他的道德律令，擴展爲普遍有效的「絕對命令」。在現實上，則有拿破崙，他可以用大炮，強迫全世界服從他的偉大法律。而基督教、帝國主義、社會主義等等浮士德文化特有的現

---

❼ 同上，頁409。

象，無不表現了這種擴張和征服的意志力量。

總而言之，浮士德文化的基本象徵是「純粹而無限的空間」，這種文化象徵或精神是與古典阿波羅文化關於人的空間、歷史、背景、函數分析數字和關係等等，後者則是現時、形體、前景、歐幾里德數字和比例等等。簡而言之，阿波羅的形式語言，顯示的是現成的事物（Become）；而浮士德的形式語言，則主要顯示了生成的過程（Becoming）。

古埃及文化的基本象徵是「路途」（Way）。埃及的靈魂用以表達其世界感受和基本象徵的「語言」，是石頭。石頭象徵的是「無時間的現成事物」，是空間與死亡的定形。石頭代表著墳墓，在死亡的停滯中，不再有時間的流動，只有石化和不動的空間。埃及人的生命歷程，就像一個朝著死亡的法庭無可選擇地走去接受審判的旅行者，行經一條狹隘而陰冷的固定「路途」，進入石壘的墳墓的過程。就是這種單一定向的「路途」，亦卽埃及文化基本象徵的根本含義。

埃及人對空間的看法是「深度中的導向」（Direction in Depth）。埃及舊王國的宏偉墓殿，尤其是第四王朝的金字塔所體現的，不是西方教堂中常見的那種空間中的「定向目標」，而是一種秩序井然的空間「序列」。幽密的路途，從尼羅河畔的大殿，經甬道、廳堂、拱形宮殿、柱廊房間，越來越狹窄，直通到死者的靈柩。第五王朝的「太陽廟」，亦是一種由龐大沉重的石塊所壘成的「通道」罷了。埃及的浮雕與繪畫，始終是排列有序，強制性極顯然地欲將觀者引入一個確定的方向或「路途」，如新王朝的羊神像與獅身人面像。

對埃及人來說，理解世界形式的占統治地位的經驗，是被強

制「導向」的連續實現過程。他們沒有嚴格的距離感，人只是在石砌的通道中不斷移動，向著墳墓的終極目標不停前進，便是實現了自己的全部生命。「職是之故，埃及人的藝術，卽使在應用實體的方法之時，其目的也僅在表面『平面』的效應，別無其他。在埃及人看來，跨越國王墳墓的金字塔，乃是一個『三角形』，一個巨大而有力的『平面』，這一平面，無論由哪個方向去趨近，最後都終結了『路途』而統攝了『風景』(Landscape)。同時，在埃及人的意識裏，金字塔內部通道及宮殿中的柱體、以及其黑暗的背景、稠密的排列、豐盛的裝飾，整個都表現爲一種垂直的長條裝飾物，使能有節奏地伴和著埃及僧侶們的行進」❽。

　　史賓格勒視中國文化的基本象徵爲「道」，卽道家所謂「道」。中國的道，看起來與埃及的「路途」十分相近，也有著極強的方向性。但是，埃及人的「路途」所指爲預定的路程，其終點的到達是不可避免的必然結果；而中國人則以「道」作爲自然人性和諧通融的修養功夫與行爲方式。因而中國人與其神祇和祖宗之間的聯繫，不是經由石頭的窄道和墓塚，而是經由親切友善的自然世界得以溝通的。世上沒有哪一種文化，會像中國那樣將自然風光如此諧調地融合進它的建築之中。史賓格勒以中國的廟宇爲例，他說中國的廟宇不是一個自足的建築物，而是整個風景的組成部分，各占一定比例的山、水、花、草、樹、石等等，是與大門、院牆、橋樑、走廊等同等重要的建築材料。遠遠望去，繚繞的香煙與金色的寶殿，隱現於山林之中，同自然的神秘和靜

---

❽　同上，頁204。

寂合爲一體。 中國文化是把「園藝」作爲宗教性 藝術的唯一文化。總之，史賓格勒認爲，只有通過這種「天人合一」或「自然無爲」的「道」，才能眞正理解中國的建築、繪畫和語言，理解他們的政治結構、祖先崇拜、倫理道德等等各種文化現象。

除了埃及和中國之外，史賓格勒稱阿拉伯文化的基本象徵是「洞穴的感受」，因爲阿拉伯文化始終深受外來文化的壓迫，便產生了文化的「假晶現象」（或稱僞形）。 在高度 壓迫的情形下，整個文化心靈都受到了嚴重扭曲，便使本該向外的空間感受強行轉向了內在，轉變成了一種「洞穴的感受」——例如圓頂的宗教建築，就是馬日靈魂的最高表現。

史賓格勒還特別提到，俄羅斯文化，他將俄羅斯看作是未來的文化類型。他用「無垠的平板」，來形容俄羅斯文化的基本象徵。雖然俄羅斯地處歐洲，但其文化精神卻與浮士德精神完全不同。西方人眼光向上直指蒼天，是對無限空間的無限追求，而俄羅斯人則水平地望向廣濶的大地和平原，只求自我向四周水平地擴展與延伸。這就是「無垠的平板」的象徵意義。俄羅斯人從不仰視星辰日月，他們已看到地平線，天空不過是地平線的延伸或一塊下垂的平板而已。他們甚至將人、兄弟和人類也視爲一塊平板！ 在這「平板組織」的文化中，沒有突出的個人存在，只有平平的人羣，沒有個人的責任感，而只有抽象集體的責任。一句話，所有俄羅斯的文化現象，都是與其「平板」的象徵分不開的。

同理，巴比倫文化、印度文化和墨西哥文化也都具有自己獨特的基本象徵，而且從這些基本象徵的差別，就能發現和理解它們的文化個性。也許是由於材料的缺乏、也許是史賓格勒的篇幅有限，他沒有展開一一設計各大文化的基本象徵。但是我以爲，

通過上述這些文化類型的分析，已足够證明史賓格勒所謂文化多元論了。如果我們改變一種方式，不再用抽象和普通的標準，或單純西方文化的價值，而是用各文化獨立之發展的自我標準和自我價值——其最高表現便是它們自己的基本象徵——來觀察和審度各大文化的歷史，我們便不會得到什麼「進步」或「落後」這種線性發展觀和獨斷主義的結論了。

接下來的問題是，歷史的世界既然是由各個文化共同組成的多元世界，那麼它們之間的關係又如何呢？

與進化論及線性發展觀相聯繫的，是文化傳播和文化轉型的理論。按照這種理論，文化的進化常常是文化傳播，亦卽某一文化類型通過交往、移民、戰爭乃至侵略而滲透於它種文化的結果。人們假設，由於某種偶然或意外的契機，使兩個或更多的不同文化種羣發生了聯繫和關係，它們便開始了互相交往的歷史。或者是經過物質產品或商品的交換（便是如今的貿易）；或者是經過戰爭（為爭奪土地、人口、產品等等）；或者是經過其它的方式，相互交通的文化類型便發生了文化（包抽政治、宗教、藝術、經濟等各方面）的相互滲透，使得某一文化類型的特徵和形式，能在它種文化類型中得以生存和再造，這就是所謂的文化傳播現象。

由於文化傳播的發展，使得異種文化之間得以吸收、摹仿乃至接受其它文化的特點，亦使得原先封閉的文化系統突然獲得了來自外部世界的新鮮養料，所以某些具有開放和創造心靈的文化類型，便會藉此吸收他人的長處，以改進自身的不足，從而使自身文化獲得長足的進步或創化而成一嶄新的文化類型。或者，由於戰爭的勝敗，使戰勝的文化類型強行通過奴役的方式，將自己

占優勢的文化類型「傳播」給戰敗者或殖民地文化，使得後者在長久的奴役狀態下，慢慢淡忘了自己的文化傳統，從而使自己的文化轉變爲奴役或殖民者文化的「子文化」。屬於第一類的例子有古希臘文化（通過與埃及、阿拉伯及非洲文化的交往）、中世紀的阿拉伯文化（通過吸收古希臘羅馬文化精華）、文藝復興之後的歐洲文化（阿拉伯文化的輸入及東方的影響）、以及後來的日本文化等等。第二類的例子則有羅馬帝國的覆滅（日爾曼人對西羅馬的占領）、美洲文化（通過西方人對土著的征服）以及當今的殖民地國家等等。

這樣一種通過正常交往或戰爭征服而發生的文化變異，便被稱爲「文化轉型」現象。正是經過不斷的文化轉型，使文化不斷地由低級向高級「進化」。雖然某一特定的文化類型會由於創造潛能的枯竭而停止進化，但是進化的流程卻會在另一文化類型中──通過傳播和轉型──而得以繼續。

史賓格勒不同意這種文化傳播和轉型的進化觀念。他並不否認文化類型之間存在著相互交往的現象，但他認爲文化種羣之間的關係是處於一種無機狀態之中的，它們之間的相互交往絕不會影響文化有機組織的內在變異。作爲有機體的文化純粹是個體獨立的存在，是個別的生活景觀和生命歷程的體現。就像任何生命體的生成一樣，每一種文化都是自我滿足自我完成的獨立個體，它們都是在各自獨特的環境或風景中形成和生長起來的，因而無論在其文化形式、文化精神、生活方式和價值導向上，都具有著與眾不同、不可替代和難以更改的個性。文化在本質上是不能相互滲透或「傳播」的，它們之間是一種各自獨立的平行關係，除了文化自身追隨文化宿命的獨自發展，並不存在也不可能

有眞正意義上的交流。而至於那種用戰爭或強力征服其它文化的
現象，在史賓格勒看來，與其說是文化「傳播」和「轉型」，毋
寧說是文化「殘殺」或「摧毀」。當一種文化通過武力將其它文
化納入本文化範圍的時候，實際上便消滅了原來的文化類型。例
如日爾曼人之於羅馬文化、西班牙人之於墨西哥文化等等，不正
是這種文化殺戮的最好證明嗎？

　　同時，每一種文化都在自己的生命歷程中，形成了自己特殊
的基本象徵和象徵符號系統，以表達它們對於世界和生命本質的
意願、理解和企求。這些象徵——如前所示——既在本質和型態
上各不相同，互相之間且無法通融。因此，每一種文化實際上
是獨自經歷著自身命運的過程的，它們是自我幽閉的（就像一個
獨立而封閉的圓圈），只是表面上存在著文化之間的「交流」、
「融合」乃至「傳播」之類的現象而已。

　　史賓格勒認爲，兩種文化之間，有可能在人與人的交往中得
以互相接觸，或者某一文化的人，可能會碰到另一種文化在其可
傳的遺物中呈現出來的已逝的世界。例如古希臘文化之接觸埃
及、巴比倫文化，阿拉伯人之承襲古希臘羅馬文化遺產，中國人
發展印度佛教等等。在這些情況中，最終的動因還是接觸或接受
主體自己。甲的完結了的文化行爲或文化特徵，必須由乙借助自
身的存在、自身的行爲和特性才能使之重新復活與振作起來，並
且憑藉乙自己，他的靈魂、他的內在精神、他的工作以及他自己
生命的組織，使之轉變成乙的文化行爲或文化特徵。並沒有從印
度傳入中國的「佛教」運動，而只有印度佛教徒的豐富的表象中
的一部分，爲具有某種宗教傾向的中國人所接受，由此而形成了
一種對於中國佛教徒且僅僅對於中國佛教徒有意義的新的宗教形

式。在所有類似的情況中，重要的並不是各種形式本來的原始意義，而是各種形式本身，卽那種富於觀察者或接受者自身的創造潛力，以及他們對於原有形式能動的和獨特的感受與領悟。因此，文化現象從一個文化類型向另一個的轉移或「傳播」，實在只是表面的或外形的轉移而已，它們的內涵是不能「傳播」的。兩種不同文化的人，各自存在於自身精神的孤寂和幽閉中，中間隔著的，是一條不可逾越的文化深淵。雖然印度人和中國人在那些日子裏雙方都自認是佛的信徒，他們在精神上依舊相去甚遠。相同的經文、相同的菩薩、相同的教儀——但是兩種不同的心靈，各走自己的路。

　　儘管文化之間的交流和傳播，最終取決於接受者的主體選擇和改造，取決於主體文化自身的性質和特性，然而無論如何，它們或多或少地總是會給自己帶來一定的影響。如果這種外來的影響足以強大——或者是主動的、或者是被迫的——也會引起文化主體的變形，甚至影響到整個文化的正常發育過程。這種現象，就是史賓格勒所謂「歷史中的假晶現象」（Historic Pseudo-morphoses）或「文化的僞形」現象。

　　由於火山爆發，熔化了的物質依次傾瀉、凝聚、結晶。這時就會出現由內部結構和外表形狀矛盾的結晶，礦物學家便將這種特殊的現象稱作「假晶現象」。史賓格勒借用這個礦物學的概念來描繪那些特殊的文化現象，卽「歷史的假晶現象」。

　　「歷史的假晶現象」表現的是這樣一種情形：「一種比較古老的外來文化，在某個地區是如此強而有力，以致土生土長的年輕文化被壓迫得喘不過氣來，它不僅不能形成它的純粹的、特有的表現形式，而且不能充分發展它的自我意識。年輕的心靈深處

湧現出來的一切都鑄進了古老的框框裏，年輕的感情僵化在衰朽的作品中，它不能憑自己的創造力培育自己，它只能用一種日以激增的怨恨去憎惡那股遙遠的勢力」❾。

假晶現象的典型例子，就是阿拉伯文化與俄羅斯文化。

阿拉伯文化的史前時代，恰好處在古巴比倫的地域中，在兩千年的歷史中，那裏始終是征服者們的掠奪之地。自公元前三百年起，一個由波斯民族統治的阿拉姆系民族，在西奈半島及扎格洛斯（Zagros）山區之間，開始崛起。一種偉大的醒覺意識，以其新的宗教形式、新的世界感受、新的人神關係，掀起了自身的創造性高潮。一個全新的、健康的阿拉伯文化本該應運而生的。但正在這個時候，馬其頓人占領並統治了這個地區，從而使得這樣一個年輕的先期阿拉伯國家，由此而蒙上了古典文明的幕障。待到羅馬人打敗了馬其頓人而取代其統治地位之後，阿拉伯文化便越來越被古典文明的羅馬帝國所籠罩，所謂的「假晶現象」也就此開始了。到了艾克西海戰（Actium），安東尼的失敗，阿拉伯文化便完全被羅馬帝國或古典文明的硬殼所壓制，成爲一種被外在硬殼所扭曲了內在靈魂的文化「僞形」或「假晶」現象。

時至今日，在俄羅斯又出現了第二次「假晶」現象。在西元一千年左右基輔大公弗拉基米爾（Vladimir）時代，俄羅斯文化便以其獨特的姿態呈現於歷史之中。他們的史詩英雄，具有著與西方文化中的英雄人物極不相同的特性與靈魂。從1480年伊凡三世推翻韃靼人的統治，到彼得大帝（1689-1725）的統治以前，俄羅斯文化曾凌越四方，盛極一時。在於毗鄰的西方文化的對抗

---

❾ 《西方的沒落》下卷，頁187。

中，俄羅斯文化保持了自身文化的獨立性。

　　但是從1703年彼得堡建造之時起，原始的或生成中的俄羅斯靈魂，開始被裹上了那層堅硬而陌生的外來文化硬殼——首先是巴洛克，然後是「啟蒙運動」，最後是十九世紀的世界都會等等。原本屬於俄羅斯文化自身形成的沙皇制度，如今被扭曲成了西方那樣的動態樣式。俄羅斯的歷史，明明還處在文化早期階段，宗教本該是人與世界的唯一語言，然而卻強行引進了處於後期階段的西方藝術和科學、啟蒙運動、新教倫理、世界城市和唯物主義等等，而使得那城市並不發達的農業社會裏，極不自然地聳立起屬於西方文化的巨大城市，釀成了一幕被強力扭曲了心的靈魂自我掙扎、自我衝突與自我矛盾的歷史悲劇。也就是說：「從1703年彼得堡建立起，〔俄羅斯——引者〕便出現了一種假晶現象，它迫使原始的俄羅斯精神切合外來的型式。……選擇俄羅斯的老路，還是選擇『西方的』道路，羅曼諾夫王朝選擇了後一條道路」❿。由此俄國便成了歷史的「假晶」。

　　但是無論如何，「假晶」現象並不說明一種獨特的文化類型可以從根本上被另一種文化類型所取代。它只是一種由某種強硬的外殼所壓抑而扭曲了內在靈魂的特殊表現，一旦這種外殼發生破裂，原有文化便隨時可能衝破桎梏而獲新生。就像阿拉伯文化最後還是變成了獨特的文化類型，俄羅斯文化最後還是走自己的道路一樣。因此史賓格勒並不認為，歷史的假晶現象可以否定文化多元論，或者抹殺各種文化獨自發展的宿命。

　　既然如上所敍，各文化是獨立發展的個性體系，那麼，文化

---

❿　同上，頁192。

的發展總起來說就是平行的。每種文化就其發展而論，都跑不脫屬於命運的三個階段，一種文化死亡了，另一種文化仍在那裏重演這生成過程的一幕。在這個意義上，沒有一種文化可以自詡比其它文化更爲優越和高級，也沒有文化之間何者先進的問題，其間只能作型態上的比較或對比。因此不存在一種連續的、無限上升和前進的歷史，而只有許多文化羣相繼出現，相繼滅亡的歷史。也沒有一種文化獨霸世界的情形，世界始終是多元的存在。文化的進步和落後，在這種觀點看來是沒有什麼意義的，就像我們不能說開花的那棵樹比枯萎的那棵更進化或更先進一樣。

　　史賓格勒因此還指出，作爲個體的文化一經死亡，是不能够死而復生的，它可以繼續存在，但已經是一種僵屍式的存在，或死亡了的存在。在他看來，一種文化（古老文化）一旦走完了它命運所規定的最後階段之後，就無法再重新振作起來，尤其不可能借助其它文化的力量重新站起來。它被復歸於自然的時間之流中，再不能有作爲文化的新生，哦，一幅多麼悲慘的圖景啊！

　　但是在史賓格勒看來，這是無可奈何的：

　　　　願意的人，命運領著走；不願意的人，命運拖著走。

第七章 《西方的没落》與現時代

　　通過以上各章的介紹，想必讀者已經對史賓格勒其人其說有了一個相對完整的了解。

　　作爲一個哲學家，尤其是文化歷史哲學的開創者之一，史賓格勒在西方哲學史上佔據着相當重要的位置。他那些具有深刻獨創性的觀點，不僅在當時的德語國家引起過強烈的反響，而且也在他逝世之後以及整個西方世界，影響過並繼續影響着文化歷史哲學的深入研究。卽使在今天，只要我們提起文化歷史研究的學問，便不會不同時提到史賓格勒的名字及其著名學說。

　　史賓格勒眞正獲得如此歷史地位，並在學界產生巨大影響，其實還是發生在他死後的年月裏，就像絕大部分偉大哲學家們一樣。雖然《西方的沒落》發表之後，使他一舉成名，但是這種「成名」往往是大眾心理推戴的結果，頗似那些通俗或暢銷小說作家的「成名」。學界的地位與威望，並非是以學者和學說的「知名度」，或被公眾接受的程度來衡量，而是以其新意和深度，以及在學術研究深入過程中的生命力來評判的。所以，史賓格勒生前那種顯赫名聲，實在是很快就被大眾們淡忘了。當人們渡過危機，滿懷熱情地欣賞暴風雨後的晴空時，他們便會在一夜之間，從極度的「悲觀主義者」，轉變爲極端的「樂觀主義者」。

史賓格勒的「悲觀」預言，頓時被另一個時代所冷落了。1936年，史賓格勒是在家中默默和孤獨地死去的，到了那個時候，他在社會中的影響已基本上消失了。

在德國，納粹政府根本就禁止他公開發表言論，他被看成不受歡迎的「悲觀主義者」和「反革命份子」。他曾經預言並曾爲之奮鬥的國家革命，如今卻將他視爲敵人。

在國外，他卻被指爲納粹的幫凶，說其幫助或支持納粹政府獲得並擴展其權力。即使在他曾經擁有最多讀者的美國，也不再對史賓格勒感興趣了。1933年之後，哲學悲觀主義業已過時，人們的注意力，開始轉向所謂的「社會意義」或「建設性」的運動。儘管經濟蕭條的陰影還沒有完全被擺脫，但是「悲觀主義」在西方世界已不能够再作爲文化心靈對於危機的消極回應了。反對法西斯主義的呼聲；反法西斯陣線的組成；世界和平的強烈意願等等，完全占據了那個時代的「注意中心」。在這種情形下，自然無人過問史賓格勒的哲學及其對於「西方沒落」的種種預言了。

但是，史賓格勒的學說並沒有隨着他的逝世而死亡。在沉寂了數年之後，史賓格勒重現於學界之中，並在那些後繼者的推崇下，眞正對歷史文化研究發生了重大的影響。

三十年代後期到四十年代開始，兩個沒有內在聯繫的事件，使得史賓格勒再現於世。其一，一些持歷史循環論的學者開始出版他們的研究成果，而這些成果大都與史賓格勒的文化歷史理論相關。其二，國際形勢的迅速惡化在第二次世界大戰爆發及法國的淪陷中達到頂峯，這種世界格局使得人們開始重新審視那些有關文明發展的「悲觀主義」議論。這兩個主要因素及其發展，使

得史賓格勒從此獲得了其在學界的持續影響——直到如今。

史賓格勒的影響，主要是通過其後繼者們來實施的。他們都在自己的重要著作中，介紹、批評、繼承並發展了史賓格勒的思想，並由此形成了一股被稱爲「文化歷史主義」的思潮，甚至被稱爲「史賓格勒主義」和「新史賓格勒主義」，在學界和社會中發生了十分重要的影響。隨着這些學者在學界和社會中影響力的增強，史賓格勒的名聲也變得越來越大，乃至飄洋過海，成爲一個具有世界性地位的哲學家。

在這些後繼者中，最著名的代表是湯恩比(Arnold Toynbee)、索羅金 (Pitirim A. Sorokin)和克魯伯(Alfred L. Kroeber)。他們都是當代學界的巨擘，他們的學說亦都在很大程度上與史賓格勒相關。

湯恩比是其中第一個發表著作的。從各方面來說，他也是史賓格勒眾多後學中最有哲學素養，成果最豐且影響最大的一個。

從1934年開始，湯恩比陸續發表了洋洋十二卷的巨著《歷史研究》，與史賓格勒一樣，通過對各種文化類型(湯恩比稱爲「社會」)的歷史的詳盡考察，以探究文明發展的內在邏輯和相互關係。當湯恩比早於1920年閱讀史賓格勒《西方的沒落》時，他便詫異地問自己，他的所有探討，不要說解答，甚至連問題還沒有在他心中形成之前，是否已被史賓格勒解決了？只是隨着研究的深入，湯恩比才發現自己與史賓格勒在許多方面的分歧，尤其是在「文明起源」的問題上，他說史賓格勒簡直是「最曖昧的教條主義和決定論」❶。但是儘管如此，湯恩比絕不否認他與史賓格

---

❶　湯恩比，《文明經受考驗》(New York, 1948), pp. 9-10.

勒在理論上的許多共同之處。

湯恩比對於歷史研究的基本立場有二，（一）歷史研究的確切範圍應爲各個社會的整體。他認爲社會，而非國家（如民族國家、城邦或其它形式的政治組織），才是歷史研究所應對待的「原子」或基礎現象。（二）所有歷史中的文明社會，或文明社會的歷史，都是平行和相應的，也就是說，都是獨立發展的個體。而這個基本立場，恰恰是與史賓格勒相一致的。

結合宗教的、地域的和政治等方面的各種特徵，湯恩比選擇「文明」爲其歷史研究的對象，他認爲文明是社會種類的表徵。像史賓格勒一樣，他將文明分成各種不同的類型，不同的只是他的文明類型有二十六個之多。這些相關或不相關的文明有：西方文明；俄國及近東的東正教文明；伊朗、阿拉伯、印度、雅典、敍利亞、中國、米諾斯或克里特‧赫梯（Hittite）、巴比倫、印第安、墨西哥、瑪雅和埃及文明等等，加上斯巴達、愛斯基摩、諾羅底、奧托曼（土耳其）、玻利尼西亞等五個所謂「停滯了的文明」。

根據對上述各「文明」的考察，湯恩比提出了有關文明起源的問題：爲什麼有的社會（如諸多原始羣落），在其早期的發展中便已僵化，乃至於始終不能進入文明社會的行列，而其它社會卻能？湯恩比認爲，文明產生的根本條件，既不是種族因素亦非地理環境，而在於是否擁有一個由少數精英組成的統治集團，在於這個精英層所具有的創造能力。而文明產生和發展的內在機制，則是「挑戰」（Challenge）和「回應」（Response）的相互作用過程。這就是湯恩比獨樹一幟的「挑戰與回應」理論：社會總是不斷地遭遇來自環境的各種挑戰，而社會欲總是通過自己的

精英集圖對此挑戰發生不同形式的回應，以解決由於挑戰而引起
的各種問題。社會的發展和文明的產生，依賴於這種「挑戰與回
應」的雙向運動和成敗得失。有的社會未能進入文明階段，原因
就在於未有在自身社會中，成長起一個精英集團，因此而不能回
應外界的挑戰，以致於停留在原始的狀態。

　　湯恩比亦用同樣的原理，來回答爲什麼在眾多文明中，有的
會半途夭折，有的停滯不前，有的卻繼續發展的問題。湯恩比認
爲文明的進步是文明自我決斷和自我整合內在進步和昇華的結
果，是精英集團運用其創造力，不斷地對新的挑戰抱以新的挑戰
的過程。因此，一個文明的進步與否，取決於該文明自我整合的
狀況和回應挑戰的能力。同理，文明的崩潰、衰落和死亡，也取
決於同樣的因素，

　　從湯恩比的思想，我們可以清晰地發現他與史賓格勒之異
同。與史賓格勒一樣，湯恩比也反對直線發展的歷史觀以及「古代
——中古代——現代」的歷史模式；他也認爲文明的發展是起伏
不平、生死相間的循環過程；他也將研究的重點放在完整的文化
上而不僅僅是政治或經濟的歷史中；還有他的文化多元論等等。

　　兩者的區別在於，湯恩比更強調文化中知識和哲學的地位，
史賓格勒則側重藝術；湯恩比的「文明」概念遠大過史賓格勒的
範圍；他們還運用了不同的分類方法來區分各種文化類型，但是
兩者更爲根本的區別則表現在，湯恩比將史賓格勒視爲歷史發展
的決定論者，因爲他用文化的命運和生物學的類推，簡單地引進
文化歷史之中，使之成爲機械運動式的被決定了（命運）的形
式。與史賓格勒不同，湯恩比用文化主體的自我決定和自我整合
來代替那種生物學意義上的有機生命規律，文明的發展或生死，

全在於文明人或精英集團創造性的回應能力。他更崇尚展現主體
自身特質和創造的宗教情感與道德力量對於文明進步和擺脫危機
的巨大積極作用，因而在湯恩比的歷史哲學中，更增添了史賓格
勒所沒有的樂觀主義成份。所有這些因素，再加上湯恩比作爲基
督徒的信仰和文學素養，使得他的著作和思想更容易爲人接受。
並使得他的名聲也遠在於史賓格勒之上。

在湯恩比開始發表《歷史研究》不久，於1937到1941年間，
俄國社會學家和社會哲學家索羅金發表了四卷《社會文化動力論
集》，以後又發表了《社會、文化與人格》、《危機時代的社會
哲學》等名著。他的著作和思想在西方世界曾流行一時，他也被
公認爲「新史賓格勒主義」的成員或代表之一。另一個著名人物
便是美國現代人類學家克魯伯，他的著作《文化成長的構型》
(*Contigurations of Cultural Growth*) 發表於1944年。

索羅金與克魯伯在方法上有不少共同之處。例如他們都反對
史賓格勒、丹尼拉夫斯基和湯恩比等將人類歷史割裂成確定的和
特殊的「文化」或「文明」類型。他們認爲，那些更小的社會單
元，如民族國家等，是歷史觀察更爲理想的範圍。同樣，兩者都
運用了統計方法來證明自己的理論和結論。但是，他們在理論上
的不同也是明顯的。

索羅金後來漸漸轉入研究更大範圍的文化羣體，他稱之爲
「超級體系」(Supersystems)，這個概念便使得他的研究更接近於
史賓格勒文化分類的觀念，而與他原先堅持的方法產生了差別。
索羅金將那些文化「超級體系」區分爲三種類型：「感覺的文
化」(Sensate)，「觀念的文化」(Ideational) 和「理想主義文
化」(Idealistic)。感覺的文化，它的指導思想或哲學基礎，是

以感覺作爲全部現實或實在性的決定因素的，離開了感覺，或感覺之外，便不再有什麼現實性或實在性可言了，也不再有任何價值存在了。在一「觀念的社會」裏，現實中唯一眞實並且最高的價值，則表現爲那個超感覺和超理性的上帝。而「理想主義的」文化類型，則努力將感覺和理性知覺與超感覺和超理性的知覺結合起來，以形成一個神秘而又和諧的團體。

作爲典型實例，索羅金將中世紀的歐洲文化（六世紀——十二世紀），當成「觀念的」文化類型或發展模式。在這個時期裏，終極的眞理就是被基督教早已揭示了的宗教眞諦，這種「眞理」統攝了所有的生活領域，從哲學、科學、藝術，到經濟和政治，無不附從於基督教義和基督教會的統轄之下。

中世紀之後的歐洲，從十六世紀直到今天，已經走進了世俗的世界，上帝和宗教的信念，如今在被感覺和經驗直接檢驗與知覺的「現實的眞理」面前，被徹底動搖並摧毀了。歐洲從此由感覺經驗——科學眞理來統領了，這種狀態說明現代歐洲已成爲「感覺的」超級系統。

而公元前五世紀的古希臘文化，則被稱爲「理想主義的」超級體系。希臘文化被認爲是成功地將感覺、理性的價值與超感覺、超理性的價值結合起來的典型模式。

索羅金批評他的前輩們在分析文化或文明發展的時候，忽視了使文化現實運行的基礎形式，卽他稱之爲「社會組織」的因素。故爾他們的文化發展模式未能脫出生物學類推的機械模式。索羅金認爲，在超級體系之下，存在着許多自成一體的社會組織，它們是超級體系所代表的意識形態或哲學基礎的執行者和實施者。正是這些社會組織的存在和發展，使作爲超級體系的文化

精神得以實現（以物質的方式表現）出來，而構成現實的文化存在。 所以文化是一個由各種 社會組織和 個別文化整 合而成的整體， 而所有組成部分之間相互作用、相互依賴乃至相互矛盾的過程， 則構成了文化誕生、興盛和衰落的過程。

與史賓格勒不同，索羅金認爲文化因素和文化體系之間是能够相互溝通和轉移的， 文化個體不是孤立的現象， 脫離了與其它文化類型和文化因素的相互關係，文化就不可能發展並持續下去，而且，由於社會組織的存在， 各種文化因素都會在社會組織中發揮不同的作用。文化可以有其「基本象徵」， 但這並不說明屬於該文化系統中的每一個社會組織都必須擁有同一的標誌。 例如在「感覺的文化」系統中，感覺的因素只不過代表了佔統治地位的文化特徵，這並不否認某些社會組織和某些個人可以是「觀念的」或「理想主義」的文化類型。而正是這些具體文化存在的多樣性整合，使得各種文化傳統和文化特性不會隨其社會組織或締造者的死亡而死亡。

因此，索羅金認爲作爲超級體系的文化整體是不會死亡的，死亡的只是具體的社會組織或物質形式。文化的精神只是不斷地改變其形式或風格，由不同的或會死的社會組織不斷地實現出來罷了。這就是索羅金的循環論，他認爲只有這種循環論才眞正克服了進化論的機械觀念。

同樣，關於文化的誕生，索羅金也照樣運用了其奠基於社會基礎組織的「社會學」方法。他認爲文化的誕生，不僅僅是文化概念或觀 念的形成——如 史賓格勒所謂 「意識醒覺」——的結果，而且還是這些文化精神「對象化」卽現實化的標誌。而文化精神的實現，亦卽是通過具體的社會組織和個體人格，運用各種

「物質媒介」使其外在化或對象化的過程。

　　作爲人類學家的克魯伯，則將目光集中於更小的文化單元，通過統計這些文化單元（通常是民族國家）的「天才羣」(Cluster of Genius)，及其在哲學、藝術、科學等方面的創造成果、創造潛力的質量與數量，來判定它們的生命力指數──是上升還是跌落、是發展還是走向死亡。克魯伯認爲，每個文化的高潮時期是與「天才羣」的出現相聯繫的，一羣天才人物在幾乎同樣的時期裏蠭湧而起，並在各方面取得了創造性的成果，如古希臘柏拉圖時代、中國的春秋戰國時代等等，這時候文化的發展達到了頂峯。而當這種「天才羣」不能持續出現，從而文化的創造性宣告衰竭的時候，文化的發展便進入了低潮，或者死亡，或者昏睡過去。但是與史賓格勒不同，克魯伯認爲文化的死亡或停滯很有可能是暫時的，經過一段或長或短的時間之後，還會有新生或復甦的可能性。當然，大部分文化在經歷了自身發展的高潮之後，旣不死亡，也不發展，而是停留在原有的水平而持續存在下去。在所有文化類型的發展中，並不存在史賓格勒那種生物有機體成長的「決定論」模式，它們都是以自己特有的條件和方式(Patterns)，展現着自己的生命過程。

　　克魯伯認爲，並沒有一種固定的和普遍的高級文化模式（如文明），存在於每一個文化發展的終點，事實上只有很少的文化類型才可能達到所謂高級的文明階段。因此在文化發展的過程和形式上，沒有任何規律、循環、重複等必然性的東西存在。

　　文化的發展，是以其創造性的發揮和枯竭爲標誌的。在史賓格勒，文化的發展是創造和擴張，直到死亡的來臨，克魯伯則認爲文化的存在，除了一個短暫的創造高峯的出現而帶來創造性的

豐收，大部分的時間，是在創造力的停頓過程中渡過的，創造力的停頓並不一定走向死亡，許多文化毫無創造性地存在至今，它們適應了沒有創造但按部就班有秩序的生活，它們不會死亡。所以克魯伯也不同意史賓格勒關於文化有機體發展必經階段，或各文化都須經歷同樣的命運的假設。

雖然索羅金與克魯伯在文化歷史哲學的許多觀點上，同史賓格勒不盡相同，但是在基本方法和哲學基礎的總體方面，卻是同史賓格勒一致的。他們對文化前途的深切關懷，對人類命運和創造性的深度憂慮，以及對傳統哲學方法的批判等等，使得他們走到了一起，成為二十世紀的著名哲學流派——文化歷史學派。在這個引起全世界關注的學派中，除了以上我們提到過的著名學者外，為世人矚目的代表人物還有宋巴特 (Walter Schubart)、貝第葉夫 (Nikolai Berdyaev)、諾斯羅普 (F. S. C. Northrop)、史懷哲 (Albert Schweitzer) 等等。

這些被索羅金稱為「危機時代的歷史哲學家」們，自二十世紀之後便一直活躍在哲學和知識的舞臺上，並且發揮了巨大的學術推動作用。它們使歷史哲學和文化研究，成為當今學術界的最熱門課題之一。而所有這些成果和影響，都是與史賓格勒的名字聯繫在一起的，尤其是他的《西方的沒落》，確實為歷史哲學和歷史文化學派開拓了自身發展或成長的先河。這也正是這個學派常被稱為「史賓格勒主義」或「新史賓格勒主義」的原因。

通過這個學派和諸多傑出學者的著述和補充、修正，他們也影響了二十世紀後半葉的新一代知識分子。如今，線性發展的歷史觀念、生物類推的達爾文進化論、歐洲中心論或任何其它文化中心論、以及獨斷的、絕對的傳統形而上學（唯物主義或唯心主

義），均已失去了它們在學術界的統治地位。主體的、價值的、多元的哲學意識和文化精神成了二十世紀的主導思想圖景。所有這些，也都與史賓格勒及其思想伙伴們的共同努力不可分割的。

也許，史賓格勒的「功績」和名聲，前不比柏拉圖、笛卡兒、康德等等。後不比海德格爾 (Martin Heidegger, 1889-1976)、維特根斯坦 (Lndnig Wittgenstein, 1889-1951)、沙特 (Jean Paul Sartre, 1905-1980) 等等。但是，誰若是要理解二十世紀哲學，尤其是二十世紀文化歷史研究的熱潮，或從事比較文化研究，那麼不了解史賓格勒，不讀《西方的沒落》，就會缺少現代精神發展過程的一個主要環節。這就是史賓格勒在學術發展史上的位置。

史賓格勒的名聲，可以說極大部分還是來自於他的批評者。事實上，他的批評者遠比他的擁護者爲多，而且他的題目，他的方法和自以爲是，本來就包含著招來批評的「必然性」，尤其是在這事事講究「科學性」的時代裏。

當《西方的沒落》第一卷出版不久，遭到了來自學界的冷眼相待，在大部分學者眼裏，史賓格勒只不過是一個「半吊子」的、不正規的學者。在運用史料、邏輯、論證和各種專業知識的過程中，史賓格勒顯得幼稚和混亂，而且他所得出的許多結論，在那些職業學者的心眼裏，實在太缺乏「科學性」。

隨著《西方的沒落》在民間的流行和影響逐漸增長，學界亦轉變了原先那種不屑一顧的態度。但是隨著學界對史賓格勒的重視，對其進行理論批評的程度亦強烈起來。由於史賓格勒在其著作中涉獵廣泛，在哲學、歷史、經濟、政治、藝術、科學、宗教等各方面都有所論，因而他也就招來自這些不同領域的專家們的

各種非難。

作爲一個哲學家， 史賓格勒的形而上學被看成是「毫無價值」的， 除了他對傳統形而上學和「實證主義」方法的批評而外，他在形而上學方面幾乎沒有任何創見，他沒有一個自成體系的形上構架，只是在一片混亂中，含糊地使用其信手拈來的哲學範疇，如「自然」、「宇宙」、「命運」、「有機」、「節奏」等等。人類學家批評史賓格勒無視原始社會的本值，而且既沒有調查也沒認眞進行分析，便將它們武斷地「驅逐出」文化人的範圍。對於經濟學家來說，史賓格勒對經濟事件的理解至多停留在一個「業餘愛好者」的水準，他只是指出了金錢的力量及其在文明社會中的統治地位，卻忽視了金錢這一經濟現象背後所隱藏的經濟運動機制和規律，例如生產過程對經濟體系的決定性作用等等。

在政治理論上，史賓格勒的貴族偏見和反民主的觀念，更受到了政治學家的批評和現代民眾的不滿。在政治觀念上，史賓格勒具有著十分傳統的保守傾向，他的政治理論完全是貴族式的舊眼光，他對大眾有一種內在的仇視，他始終寄希望於少數傑出人物、天才精英身上，將他們看成是歷史的創造者。而所有這些在今天的時代來看，自然會令人啼笑皆非。特別是二次世界大戰與德國法西斯統治的事實，使人們和政治家們對這種所謂的「精英政治」或「天才專制」的主張深懷恐懼，因爲這種「精英政治」的邏輯結果，恰恰就是法西斯政治——這種結果實在是人類所不堪承受的政治災難。也正是這個原因，史賓格勒常被指責爲納粹德國的「思想先驅」之一，儘管他並沒有同納粹黨人有過任何形式的合作。

最後，在歷史學界，史賓格勒的歷史敍述更受到了嚴厲的批評。首先是史料的運用問題，歷史家們發現，實在很難找到相應的史料，來適合史賓格勒的歷史構架——文化發展的春夏秋冬。而且，他常常是十分任意地運用材料並沒有對它們進行全面的分析和處理，便拿來當作「歷史事實」。其次，他對歷史現象的解釋也十分隨意，例如他說原始人和古典人（希臘羅馬）是「非歷史的」，這種觀點應該說是完全錯誤的。再次，他的歷史循環論也令許多歷史家們不滿，歷史並沒有給他的循環論提供足夠的事實，以證明文化的誕生與死亡之間的必然聯繫。而且「西方的沒落」這個命題本身，就足以令大部分西方人不能接受的了。除此之外，還有所謂「基本象徵」、「有機體生長」、「文化假晶現象」等等，亦都受到了有關學者的批評。

總之，史賓格勒幾乎受到了來自所有領域的批評。這些廣泛的批評，也使得史賓格勒在學界曾一度成為談論的中心之一。

客觀地說，上述各方面對史賓格勒的批評，大都是正確的。作為一個有限的心靈，一個具有自身情感特性的人，史賓格勒卻試圖對整個世界和人類歷史文化的全部領域進行他的「概觀」，這便難免會造成許許多多的錯誤，就如那些批評者指出的那樣。但是我以為，如果我們依據這些錯誤和批評，便就此否定或貶低史賓格勒的哲學成果和歷史作用的話，那就錯了。

歷史地看，史賓格勒確也算不上一個第一流的哲學大師，無論在哲學的視野或構思的深度上，他都難以與康德、尼采等等相匹敵。細讀他的著作，便能發現在那優美而自信的行文中，充滿了含混不清和自相矛盾的概念、陳述和議論。他所用的概念和範疇，從沒有嚴格的定義或規定，就像一個匆忙的買主將商品從貨

架上拿下來 便裝進籃子。 例如他的最基礎概念「自然」與「歷史」，就沒有嚴格地限定其語義範圍，乃至於常常會出現「自然的世界」是「非自然的」這樣的陳述。而「歷史的世界」卻是「自然的」，有時又是「醒覺意識的」，最後又是「命運的」，完全沒有確定的界限。再往下，如「大宇宙」和「小宇宙」、「存在」與「醒覺的存在」等等，也都犯有同樣的毛病。這種毛病給閱讀其著作帶來了極大的困難，以致他的《西方的沒落》常被看成是艱深晦澀之作。

然而，這種毛病在史賓格勒卻不是不可原諒的。因為在我們介紹他的方法論時便已提到，史賓格勒對於歷史的把握，是以內在直覺為基礎的。這種直覺主義的方法，原本就該是非理性的，它所依賴的，是生活和生命經驗的直接體現。概念根本上就是這些生命過程和生活經驗的凝聚、定性與抽象，然而相對於活生生的生活流程或「生成」過程、概念、範疇或理性規則便總是顯得「教條」、「陳腐」和「僵死」。也許史賓格勒就是在這個基礎上，對理性或傳統的理性方法（科學）十分不以為然，他試圖以尼采為榜樣，創造出一套非理性或反理性的「詩哲學」。雖然他做得可以說很不成功，但是他的努力，他對理性主義的批判和直覺主義的嘗試，卻是不能够用通常的理性哲學標準來衡量的。在傳統理性主義不再佔據統治地位的今天，我們大可批評史賓格勒幼稚的直覺主義，但是在當時理性主義橫行的年代裏，他的努力和嘗試，不是應該被看成是難能可貴的嗎？

再如史賓格勒的「宿命觀」，實在是與其曾極力加以批判和否定的「自然主義」相去不遠的，或者可以這樣說，是一種以非理性主義或非決定論裝飾了的決定論。他試圖創造一種與傳統觀

念（決定論）不同的歷史觀，他試圖以人類靈魂的創造性和生命活動的長流不息，來詮釋歷史文化的人性基礎。但是最後，他卻用另一種決定論——生物生命的生死循環或宿命論，來概括文化成長的無可選擇的方向。他曾試圖建立一種文化發展的多元論，但是最後，文化——文明的發展模式，成了文化發展的唯一模式。同樣，他曾如此激烈地抨擊「因果關係」，最後卻以另一種形式——命運的不可逃避——重新肯定了先在地決定了的（即由終極原因導致的）人類生活的「因果律」。這樣一種「宿命論」，在理論上造成了任何哲學都不應有的自我矛盾和自我反對；另一方面，也造成了人們對於如此宿命的深刻反感。因爲無論這種宿命是眞還是假（這始終是有待證明的），人類總還是傾向於相信，我們將自由地去創造未來，我們將迎來一個更加燦爛的明天……在冷靜的理智看來，這種無端的期冀也許是幼稚可笑的，但是人類心靈深處的下意識卻不顧忌這些，他們更喜歡這樣希望並如此去追求的。在這樣的心靈面前，那種貌似深刻的悲劇意識或憂患情懷不是顯得有些故作矜持、裝腔作勢和無病呻吟嗎？

但是我仍然以爲，評價一個哲學家應該有一個歷史的態度：不是看他犯有錯誤的程度，而是看他有沒有創造出什麼新的東西。史賓格勒的貢獻，在於打破了十九世紀佔統治地位的「進化論」和線性歷史觀的界限，使文化歷史的發展觀念進入了循環論的、突變論的和多元論的階段，而這些觀念，恰恰是二十世紀被普遍承認並運用的基本觀念。雖然史賓格勒沒有顯示足夠的天才而完成這個時代的轉變，沒有提出一個理想的哲學體系來替代舊的，但是他勇敢地開始了這種轉變，並爲創造新的哲學體系作出

了應有的努力與探索。對於這樣一個哲學家，我們還有什麼可苛求的呢？人們總是習慣於期待哲學家們能爲自己提供「確定的眞理」，殊不知那樣的眞理是不存在的，哲學其實是藝術一類的學問，是人類心靈的一種創造活動，它所尋求的根本就是一種理性的遊戲和創新，一種對傳統或舊有思維模式的反叛和超越。卽使是科學，事實也未必證明誰爲人類提供了「確定的眞理」，科學的進步，也同樣應該以觀念的轉換爲標誌的。例如，哥白尼的偉大，並不在於他的「日心說」爲人類提供了有關宇宙的「眞理」，而在於他的「日心說」摧垮了開普勒的「地心說」，使人類的視野從「地心說」的框架中解放了出來。對於史賓格勒，我們爲什麼就不能用同樣的標準來加以衡量呢？

在這裏，我並不是在爲史賓格勒的錯誤進行辯護，我只是想藉此說明，應該歷史地評價一個哲學家。史賓格勒在理論上、方法上以及人格上都存在着許多的不足和侷限性，這是毋庸置疑的事實，但是我們不能因此而低估甚或否定他的歷史地位和理論貢獻。而且就其歷史影響而論，他的缺陷遠沒有其理論貢獻來得重要。

在我看來，史賓格勒的理論貢獻主要體現在下述幾個方面。

(一)關於文化有機體的理論。文化是一有機綜合的統一體，這種看法在當代西方文化學界幾乎已經成爲常識。將文化機械地劃分爲各個互不相關的部門，這是與十八世紀前後的近代科學傳統相伴隨的陳舊觀念。這種觀念，必然導致文化存在和發展的單因子決定論，他們的本來是整體的文化系統中抽出某一因素或某一部分，然後將其設想爲決定或推動社會文化現實與變革的唯一「槓桿」。這種觀念如今已被越來越多的歷史事實和人類學材料

所否定。歷史和文化的發展是社會文化各組成部分——意識形態、政治組織、經濟體系、地理環境等等——相互作用、滲透、協同和整合的總體過程，在此過程中，各種因素和部類的歷史作用和地位是不定的、經常轉換的，不可能有一種因素自始至終都是歷史和文化性質的決定力量。這就要求我們在對歷史文化作歷時性研究的同時，重視和發展對文化綜合體的共時性研究，以此弄清文化整體結構和系統內部的有機狀態。

應該承認，這一文化整合或整體的觀念對於我國的文化研究有著特別重要的意義。自從1840年鴉片戰爭被「洋槍洋砲」驚醒了的國民意識，開始了反思自身文化狀態和尋求文化變革的痛苦過程。但是這種文化反思的動因是外在的，每每經過中西文化和新舊文化的碰撞之後，便會由自身顯露的短處中，生出一種中國文化「發展」、「強盛」或「變革」的「××決定論」來。從「戊戌變法」到「百日維新」，從「國民革命」到「五四運動」，最後是「共產革命」等等，從理論上觀之，基本上都是「單因子文化決定論」的觀念。或者是「尖船利甲」；或者是「推翻帝制」；或者是「科學民主」；或者是「經濟基礎」，總是以為只要我們做到了其中的某一項，古老的中華文化就能重新稱強於世界民族之林。就是今天，這種單因子的決定論也依然在國民意識中佔據著統治地位，在大陸，作為官方意識形態的所謂「馬克思主義」的「經濟決定論」還在「奴役」著絕大部分的知識分子。而海外許多知識分子，則仍然津津樂道於「科學救國」、「民主改革」等等。並且常常固執於單個文化因素的「中西比較」，如將中國的儒家道德、西方的科學技術，中國的人倫親情、西方的民主制度等等，從各自的文化系統中抽取出來而論其優劣，希望

能通過「取其精華、剔除糟粕」的過程，而使中華文化成爲未來文化的代表（如杜維明先生所謂「儒家第三期發展」理論）。而事實上，這些觀念乃至設想都是難以實現的，如果僅僅依靠某個或某些文化因素的變革而不是整體，那麼盡管會有某些表象上的變革（如清王朝到國民政府再到共產黨執政，或從手推車到火車乃至飛機火箭），而本質上，中國文化整體還仍然處在其古老文明的傳統之中，卽使是在以「馬克思主義」這種西方思潮籠罩下的中國大陸，還不是照樣處處顯示著幾千年古老文化的延續和固執，在馬克思主義的外殼裏，還不是包藏著封建政治和農業文化的完整內核？這恰恰就是因爲，文化是一個有機整合的總體，所有的部門或因素，都是必須經由這一總體或在這總體之中才會起作用，在總體之外企求某個部門的更新或變革，以期引起整個文化的更新，終將是徒勞無功的。

至於文化有機體的發展理論，史賓格勒確有其「生物學類推」的意味，但是仍然不失爲一種解釋。因爲在世界各文化發展的現實歷程中，確實存在著文化發生和死亡的事實，例如古巴比倫、古埃及、墨西哥（馬雅）文明等等。那麼，現代文明中的那些後裔，究竟有沒有可能重新復活那久已安息的古老文化呢？不僅是史賓格勒，與他同時代和後來的許多文化人類學家（如傳播論、新進化論等），也都對這一問題作出了否定的回答。另外，尤其重要的是，史賓格勒的這一「循環論」觀點，是對十九世紀進化論觀念的徹底反叛，且又影響了其後一整代的「文化歷史學派」。故爾應該看作是史賓格勒的特別貢獻之一。

(二)關於文化的個性理論，或文化多元論。過去，人們往往是用一種「先驗的」或理想的模型，生搬硬套地拿來分析其它一

切文化類型的複雜現象，結果便導致了文化發展的單線論和文化模式的自我中心論，從而否定了各種文化發展的獨立性和多樣性；各種文化模式的獨特性和民族性；以及它們自由選擇自己發展道路的合理性和可能性。

事實上，各文化類型都是根據自身不同的環境、條件和需要，自行選擇和創造的結果，各方面的差異都有可能引起文化發展樣式或生存模式的差異。事實也證明了，任何一種文化類型——哪怕是最優越、最強大的文化類型——都無法最終將自己的模式強加於它種文化之上，它們可以毀壞或扭曲鄰近文化或弱小文化，但往往難以使這些文化變成不復屬於自己的類型。

隨著現代科技的發展，文化之間的滲透、交流和傳播也獲得了前所未有的擴展。在這樣的情勢下，如何保持和發展自己的文化獨特性和創造性，便成了當今世界的重要問題。是重新認識自身文化的本質，並在此基礎上創造性地發揮和創造自己的個性呢，還是依據所謂「強國」或「發達國家」的道路，來作為自身發展的前景？這似乎成了每一個文化自我設計的基本問題。而根據史賓格勒的文化個性與多元理論，文化的健康成長，依賴於自身靈魂和生命的創造性，如果忽視了自身生命的獨特性，屈服於外在文化的壓力，或照抄照搬外來文化的「摹本」，便會使自己最終成為文化的「假晶現象」，而使自己的靈魂扭曲變形。因此，世界的或人類的文化全景，應該是充滿個性和多樣性的整合。每一個文化的前途，都存在於各自獨特的創造性中，喪失了這一點，也就喪失了作為一個獨立文化的存在。

史賓格勒作為文化多元論的首倡者之一，對於人類觀念從一元論和獨斷論，以及「文化沙文主義」向多元論的轉變，可以說

是起到了十分巨大的推動作用。經過其後繼者的再接再勵，文化多元論正在日益成爲普遍接受的觀念。而且，多元論的觀念，無論是哲學的、科學的、藝術的、政治的、經濟的；還是人格的和個體行爲的多元論，事實上也已經成爲二十世紀人類意識的主導觀念。

(三)歷史文化研究方法的獨特性。歷史文化現象是人類生活的獨特現象，它具有與自然現象完全不同的存在方式。試圖尋求一種同時適用於自然與人文領域的普遍法則，是傳統形而上學的幻想。我們不可能用自然科學得出的自然因果序列來說明人類社會和文化的複雜現象，亦不能將人類生活千變萬化的歷史景觀視爲機械運動的物理結果。研究文化歷史現象必須依據人類生活的活生生的經驗，依據歷史學、人類學、心理學等人文科學的材料，依據人對自身本質和人類活動特性的內在體認和深刻理解，而這些要素都是用自然科學的觀察方法和數學演繹所不能獲得的。這種將自然科學與歷史文化區別開來的作法，亦構成了二十世紀哲學主體論和價值論思潮存在和發展的重要理論前提。

除了上述理性的方面，史賓格勒的貢獻還在於指出了，對歷史文化的深刻洞察也離不開對歷史的直接體驗，和對人類命運與本質的直覺的把握。史賓格勒歷史觀中的非理性或直覺主義，是與近代反理性主義或非理性主義的崛起密切相關的。這種觀念雖然也存在著不可否認的片面性，但是這個片面性的方面，對於以往歷史文化研究來說恰好是一種欠缺，人們往往忽略了非理性因素的認識論意義和歷史學意義。一方面，對於認識對象（包括歷史文化）的理解，僅僅靠理性是達不到完整的理性知識的，它還要求一種更爲深層的體驗和感受爲基礎。尤其是對於文化現象中

的象徵符號或其它神秘的、原本就是非理性的機制，更需以某種高度的感受力去加以直觀。同樣，哲學的、宗教的、藝術的認識，更不能離開那種發自心靈最隱秘處的深刻洞察，沒有這種內心的直觀和體驗，我們就無法獲得超越世俗的眼界，使意識的觸覺插入那更爲廣袤的冥冥世界之中。另一方面，人類的行爲亦有相當部分是由無意識或非理性因素導致的，無論是個體的、羣體的還是社會文化的行爲，都包含著非理性的成份。由這些成份所導致的社會、文化和歷史事件，僅僅依靠理性的分析往往很難把握那些事件的眞實內涵和歷史意義，因爲它要求事件的研究者本身要對歷史和文化的獨特意味具有內心的體察和凝視，這種直覺的感悟往往會比理性的分析更爲準確地捕捉住屬於歷史的「眞實」。

還有諸如相對主義的方法、平行比較各文化現象和文化類型的方法、「觀相學的方法」等等，都在歷史文化研究的方法論領域中作了開創性的工作。無論其方法在運用和立意上有多麼錯誤乃至荒唐，但是就其是開創性這一點來說，史賓格勒的貢獻已經足夠偉大了。

總的來說，史賓格勒的哲學及其理論貢獻，足以使他躋身於二十世紀哲學開拓者的行列，他也是當代歷史哲學和文化歷史學派以及歷史主義思潮最重要的代表人物之一。對於這樣一個具有重大歷史影響的哲學家，我想是應該予以重視並加以了解的。尤其是今天的中國，海峽兩岸的學者正在重新興起一場有關文化和比較文化研究的新的高潮，希望能夠通過普遍的文化比較和深刻的文化反省，重新估量中國文化傳統的和現實的地位、作用和價值，以期找出中華文化重振雄威、繁榮昌盛和發達興旺的正確途

徑與光明前途。在這樣的形勢下，了解或理解史賓格勒，對於加深我們的文化理論研究，將會是必要並且有益的。

毫無疑問，每一個哲學家，不管他有多麼偉大和天才，也總是他那個歷史的產物，總是帶有其歷史的局限性。隨著歷史的發展，哲學家們便也滯留在他們的時代，讓新的哲學和新的天才取而代之。哲學史就是這樣構成的。記得黑格爾曾經說過這樣的話，當一個哲學家構造完成他哲學體系的時候，那些擡裝他的棺材的人，便已經站在門口了。

史賓格勒也不例外，他也同樣屬於他那個時代。隨著人類意識的深化和歷史的發展，他的思想和觀念或者成為常識而不再為人重視，或者被事實證明有誤而為人拋棄。特別是他的歷史循環理論，亦已完成了其歷史使命，差不多壽終正寢了。對此，著名的歷史哲學家柯林吾德（Collingwood, 1889-1943）曾經有過一段十分中肯的話。他說：在史賓格勒的歷史圖景裏：

「歷史被分割成戲劇中互不相干的場景，每一幕都在黑暗的時刻裏從它的左鄰右舍中分離出來，形成一個相對明亮的全景。……每一個歷史階段，都只是一個在黑暗的大海中閃光的小島，我們無從回答，為什麼這些孤島會從野蠻狀態中崛起，又為什麼，它們會重新墮入野蠻之中，因為如果我們能夠回答，便不會再提出這些問題。如果我們確切地知道羅馬帝國為什麼會衰落和毀滅，是什麼和怎樣的變化造成了這種結果，那麼……歷史知識的光芒便會照亮黑暗年代（中世紀）而使之不再黑暗了。……」

「歷史的循環論，就是這樣一種缺乏足夠的歷史知識的表現。初入歷史之門的人，才會用循環論的眼光來看待歷史，由於對歷史原因的無知，他們便會以為歷史果真是這樣構成的。但是

當他們真正著手解決歷史循環的具體條件和節奏時，便會反過來否定這種觀念，因為盡管在當代學者中還有一些堅持循環論的，但是現代歷史知識事實上已成為被廣泛認識的公眾財富了……」

「……有些循環論體系也許會永遠為那些初學歷史的人而存在，就像每一個人的影子總會在某時某地顯現出來一樣。但是最後，他的影子終會隨著他的移動而移動的，他的循環論觀念，也會隨著個人或羣體歷史知識的增長而轉變、瓦解、崩潰，直到重新建立起新的觀念……」❷。

不僅是史賓格勒，既使是其後的整個文化歷史學派或「新史賓格勒主義」，也已經成為過去的「歷史事件」和「歷史人物」了。

　　　※　　　※　　　※　　　※　　　※

時代變化了，確實變化了。社會文化的動盪和變遷；科學技術的革新和發展；以及歷史文化研究的推進和深入，都使得世界圖景的建構，遠遠超出了史賓格勒及其同代人的眼界。如今，若是有人試圖用 史賓格勒的原理或 教條來圖解和 詮釋歷史文化現象，便會顯得滑稽可笑和不合時宜。

但是所有這些，我認為都不足以否認史賓格勒與現代世界仍然具有的內在關聯。可以承認，史賓格勒對於歷史文化現象的具體解釋與對於人類前景的邏輯推演，已明顯地過時。然而，他所提出的問題——歷史的、文化的、現實的和理論的——則大都還依然是問題，特別是他的《西方的沒落》，這個曾經驚動過一整代人的標題，至今也依然是現代心靈繼續關懷和耽憂的根本命題之一。因為隨著社會文化的高度發展，人類極限和文化衰落的陰

---

❷　柯林吾德，《歷史循環的理論》，卷 2，頁445-446。

影並沒有因此而消散，相反，在人類靈魂的深度層面，這種陰影卻更加擴大和陰沉了。

本世紀三十年代以後，尤其是第二次世界大戰結束以後，人類似乎重又陷入了勝利和希望的熱情之中。部分地由於經濟復甦給西歐和美國為代表的發達國家帶來了新的生機；部分地由於科技革命（相對論、量子力學及以後的信息革命等等）和能源革命（石油和原子能）大大地推進了工業生產的新的增長；部分地由於第三世界國家的獨立和發展，特別是亞洲和非洲地區中小國家的經濟起飛等等，使得原本充滿危機感的陰鬱的世界，重新興起了「社會進步」和「文化進化」之類的思潮。原已幾乎銷聲匿跡的「進化論」，如今又開始流行起來。

正如薩哈林斯 (Mashall D. Sahlins) 及其「新進化論」伙伴們所著《文化與進化》（1959）中所說：「今天，文化進化論似乎正在復甦。這是不是我們正在目睹的世界性的矛盾衝突——因循守舊的社會制度和曾經落後受壓迫但已經覺醒而且重又把『進步』作為時代口號的人民之間衝突的結果呢？進化論在西歐的最初興起是與當時的工業革命和對封建主義的勝利密切相關的；目前進化論的復興可能也是與當今世界其他一些地區新工業社會的出現和對這種社會的尋求緊密相聯的。不管怎麼說，至少人們對文化進化問題表現出越來越濃厚的興趣，這一點是確實無疑的」❸。

但是好景並不長久。

人們最後發現，隨著科學技術的進步和物質財富的增長，人

---

❸ 托馬斯・哈定等著，《文化與進化》，頁2。

的自身狀態卻沒有獲得相應的進步和改善，而人之為人的內在價值和人格尊嚴，則相對「落後」甚或面臨著全面喪失的危險。人類又一次嚴峻而悲傷地面對著自我，重新提起那古老卻又始終不得其解的問題：「我是誰」？「我從哪裏來，又將去向何方」？

看看當今的世界，細想一下人類的生存狀態和文化處境，我們便會發現情形並不樂觀，進步或進化似乎重又走到了盡頭。如今人們又開始懷疑，依照如此的「進化」水平，我們將迎來一個怎樣的未來呢──一個光明亦或毀滅的未來？

從國際政治的層面分析，第二次世界大戰雖然以國際民主勢力戰勝法西斯主義而告終結，但是緊接而來的並非是永久和平的太平盛世，而是共產主義與資本社會兩大陣營的尖銳衝突、長期冷戰和軍備競賽。再加上持續的局部戰爭，如朝鮮戰爭、越南戰爭、中東戰爭等等，還有數不清的民族紛爭、內戰外戰，幾乎每天都在發生著。在這樣的情境下，又有誰能斷言，在這個喧囂的星球上，不會再次爆發毀滅性的世界大戰？雖然，自 1989 年北京「天安門事件」發生以來，整個共產主義世界爆發了致命的危機，東歐共產主義已土崩瓦解，蘇聯的原有體制也已搖搖欲墜，共產主義運動的最後失敗已指日可待。很有可能在不久的將來，持續了近一百年的兩種意識形態尖銳對立，會隨著共產主義陣營的瓦解而平息。但是誰能擔保，那埋藏於兩個陣營對立背後的爭霸的野心，也會隨之消失？兩大陣營所擁有的數量驚人的核武器和軍事力量，隨時都會由於這種野心的驅使而爆炸或運作起來。面對著這樣的現實和可能性，人類如何能夠獲得那失落了良久的安全感，而完全忘記史賓格勒關於「凱撒時代」最終將籠罩整個世界的預言呢？

民主制度通常被認爲是最合理的人類社會組織形式，事實也
表明，許多原先屬於專制體制的國家和地區，如今越來越多地實
現了民主制度。由普遍的公民投票或選民的意志，來選擇自己的
政府和參予國家管理，這毫無疑問是對獨裁專制政治的巨大進
步。但是與此同時，在民主制度傳統的國度裏，民主似乎也正在
成爲令人憂慮的問題。由於金錢或經濟利益始終佔據著發達國家
社會生活的統治地位；由於人們對於金錢的關心遠勝於對於「正
義」、「道義」乃至任何政治理想的追求；由於現代科技對於人
類自身智能和技能的替代或剝奪，以及輕視教育而導致的「現代
文盲」的日益增多……民主已越來越成爲一種徒有其表的現象，
它已成爲一種機械的程序（如各種各樣的選舉和投票），每個人
亦都只在這程序中按時例行公事而已，沒有人眞正關心選舉的結
果或由誰當選，而候選人也因此而成了供人操作的不同符號。最
後，選票的多寡是決定性的因素。如果照此發展下去，這種以多
數獲勝的制度，很有可能導致某種災難性的後果。也許有一天，
各國總統中演藝圈人士或著名運動員等會佔據極大的比例，因爲
這些人士最有可能擁有最廣泛的知名度和足够數的金錢，而日益
對政治表示冷漠的大眾也最願意選擇能給其帶來娛樂和享受的人
物作領袖。或者，也許幾十年之後，像美國這樣一個多民族的國
家，會由黑人領袖佔領全部政治舞臺，因爲他們的生育比例一定
會像這個民族在人口數量亦卽選票數量上取得絕對的多數。我無
法想像那時的美國將是怎樣一種景象。或者，也許眞會像史賓格
勒設想的那樣，在普遍衰弱的民主政治中，最後會出現「凱撒」
式的英雄寡頭出來收拾殘局……。

在那些正在走向民主的新興國家中也同樣隱伏著同樣的危

險，由完全沒有政治素質或對政治完全沒有興趣的大眾，選出一個無能或昏庸的政府；或者由某些政客的招搖撞騙而取得大眾選票的，徒有民主外表的新型獨裁政府（就像希特勒及其納粹黨的上臺那樣）。這種現象在當今世界中實在是很多的。根據這些現象，我們又何以能斷言，民主制度是一種完美的政治體制，它一定會給人類社會帶來一個同樣完美的前景呢？而史賓格勒對於民主制的憎恨，和對貴族制的懷念，又何以能夠輕易地被指責爲某種「反動的」觀念？

需要聲明的是，我並非在此指責或反對民主制度，我從不否認，民主制度是人類歷史上至今爲止最合理的制度。我想要指出或提醒人們的是，民主的實現應該是與人的狀態和素質的改善相一致、相關聯的。西方民主制度的實現，是與自由的個人（布爾喬亞和工人）的出現；以及經啓蒙運動而覺醒的要求自由和平等權利的民主意識的普遍化過程，緊緊聯繫在一起的。那麼如今，之所以會產生對民主前景的懷疑和擔憂，也是因爲現代人類狀態所實際呈現出來的那些情形。

我是什麼，或者說，我究竟變成了什麼？

史賓格勒曾經將金錢成爲社會的統治力量，視爲文化墮落的根本標誌。那麼如今，金錢對於社會和個人的控制力是否有所收歛、有所縮小？我想答案一定是否定的。社會、文化和人類，已經無可挽回地淪爲了金錢的奴僕。從政治、教育、社會倫理、藝術創作，到個人的自由、尊嚴和情感，都已成了依賴金錢才能驅動、實現和度量的東西。一切都是爲了金錢。人的信仰、人的理想、人的感情、人的恐懼等等，全都建立在金錢的基礎上。在這金錢至上的世界裏，人的存在正在喪失其人性的內涵，逐漸成爲

金錢的人格或經濟的動物。金錢成了人生的最高目的，亦成了政治、民族和國家的最高利益。金錢也成了人與人、民族與民族、國家與國家之間交往的真正媒介，一切關係都被金錢的關係所取代，變得如此簡單，如此冰冷和如此殘酷。每個人都只是想著如何去出賣自己，並且能賣個好價錢。人就是商品，整個世界就是一家超級市場。

人不僅是金錢的奴隸，還是現代科學技術的奴隸。拉美特利(La Mettrie, 1709-1751) 當年關於「人是機器」的哲學命題，如今幾乎可以說 成了人的現實定義。 機器代替人的勞動， 而使人能獲得精力和時間去從事更有意義的創造， 這是件好事。 但是現代科學的發展，已經使得機器能夠替代人的大部分功能，重要的、體力的，腦力的或任何工作，都可以由機器來完成，人只是一個單純的操作者，而且操作的簡單程度已達到了一般人都能掌握的地步。隨著機器的日益複雜，人變得日益簡單而愚蠢了。機器承擔了原來由人所承擔的工作、創造乃至責任，而人則成了機器的附屬品，人所承擔的，恰恰是原先由機器所完成的簡單動作。尤其是電腦的發明和發展，連人腦的需求也大大降低了，電腦給我們安排作息時間，電腦替我們管理社會，電腦教我們學習知識，乃至電腦幫我們尋找配偶——追求愛情……。完全不需要動用人腦，一切都會安排妥當。我敢斷言，如果有一天世界上所有電腦突然停止運轉，世界就會陷入一片混亂，或者，一旦有某些電腦發生錯誤，便會爆發世界核戰爭。而人，卻相形之下成了無足輕重的局外人，或成了離開電腦便不能思維的「植物」。機器人或電腦控制並統治人類，已不再是科學幻想電影和小說中的故事，而實際上已經在變成現實。

人是自由的存在物？按照以往的信念，只要人類建立了民主自由的國家體制，只要科學技術得到持續發展，人類的自由便會獲得同等的擴展。可是事實上呢？人們在政治上的自由，僅僅是出賣或讓渡自己那一點點所謂的選舉權。你可以自由地發表對政治的各種看法和意見，可是實際上，政治仍然操縱在少數黨派和個人的手裏，人們仍然會將政治事件和進程看作是完全與自己相疏離的東西，當今西方世界中普遍存在的對政治的冷漠態度，不正表現了對政治自由理想的絕妙諷刺嗎？而科學技術的發展，同樣沒有給人類帶來更大的自由，人們只是更強烈地依賴於那些物質的和技術的成就，對於一個西方人來講，如果失去了汽車、電腦、電話、電視等等現代化設施，便會無法生存下去。他們的所有自由，完全建築在這些物質的基礎上。是不錯，他們可以自由地旅行、自由地言論、自由地性交、自由地幹其他各種事情，但是在本質上，由於金錢和物質的強大控制力，他們的心靈則越來越缺乏那種真正屬於人類的自由創造的能力。他們並非自由的，因為他們的行為、思想、愛好、情感等等，都只是消極地服從於金錢和物質形態的支配，他們只是在這受支配的範圍裏，不自覺地享受著自以為是的「自由」。

人是智慧的存在物？除了少數創造性的精英，大部分現代人已不再堪稱「智慧的動物」。隨著廣播、電視及其它各種傳播媒介的發展，人的大腦已經完全被趨向於無限的外來信息所佔領。再加上教育——程式化的教育，人們幾乎不知道如何用自己的腦子和自己的觀念來看待世界，況且他們也不知道還有什麼東西是真正屬於自己的。人腦的功能便是記憶，只是將外來的信息接收進來而已，甚至記憶也不需要，因為電腦可以幫助你記住一切。

最後，人可以完全不用腦子地生活了。無論是工作還是閒暇，人們都不需要運用智慧，上班是沒有創造性的操作，下班便同樣是沒有創造性的「放鬆」。健美、減肥、美容這些屬於身體的部分的完善，如今被人們放到了生活的首位，人們寧願花費每天幾小時的時間，去用來長跑或其它形式的體育鍛鍊。而相反，那些深刻的哲學、優美的藝術、傷感的文學及所有人類智慧的創造，卻越來越少地受人關注了，現代人也許已經喪失了對於這些文化產品的理解力和感受力。

一切都變得簡單和容易而且快速，從快速食品、搖滾音樂、荒誕藝術，到人的關係和兩性交往。沒有時間坐下來品嚐食品的美味，只求趕快填飽肚子。沒有時間欣賞詩一般的音樂或音樂一般的詩歌，只求強力的節奏，能湊和上高速公路的緊張。沒有時間談情說愛，那種細膩而深沉的情感交流，如今已被簡易的上床過程所替代，文學家們也已不再以維多利亞時代的浪漫情調來描述愛的心理歷程，而只是更多地著墨於肉體的接觸和性交的美感……也許會有一天，愛或性的關係甚至連性別的差異也取消了，只求瞬間的洩漏與高潮，人類的性活動已基本回復到了動物時代。人還是情感的存在物？

一方面堅持高度的個人主義和個性自由、獨立、自我或個體，是每一個人乃至社會的最高準則。另一方面，現代科技和工業又客觀上將生產和生活的社會化推向了極端，而且傳播媒介的現代化，又使個人生活變得不可能，人必須同時生活在公眾或社會角色的統一要求和各種形式的監視之中，使人不能也不可能具有任何意義上的個性或自我。這兩個互相反對的方面，就這樣在現代社會中不斷地衝突著，畸型地交織在一起，將現代人的靈魂

嚴重地扭曲著。因此，人們一方面依然追求著個性自我，但是在社會化進程的壓迫下，這種個性便逐漸被埋進了意識的最底層，乃至最後連自己都不自覺了。另一方面，人雖然必須絕對的服從社會角色的人格要求，而且最終也已完全異化於這種角色之中，但是被壓在意識深處的自我又不斷地呼喚著要掙脫出來，再加上文化的意識形態又事事強調個體的尊嚴，人又不得不躲避社會和他人，自覺或不自覺地將自己包裹起來、封閉起來。人格就如此發生了嚴重的分裂和瓦解——人是孤立的自我，卻不知道究竟什麼是自我；人是社會化的角色，卻又不能成為社會化的個人。我以為，現代社會中人際關係的淡漠、虛偽和隔離，不完全是金錢的作用，更為深刻的原因，還是來自於現代文化的這種內在分裂。講的是同樣的語言，經驗的是同樣的生活，但往往會在實際交往中發生這樣的情形：我真的理解了他在說什麼嗎？或者，他能理解我嗎？或者，你在說什麼，我怎麼聽不懂……人既不知道怎樣才能理解他人，也不知道該如何表達自己（因為他實際上連自己也無法理解）。人一方面失去了個性和自我，另一方面也失去了社會。人到底是什麼，或者，人變成了什麼？

還有，人的崇高、人的精神、人的道德、人的詩意、人的價值、人的幸福乃至人的一切，如今都被打上了一個個巨大的問號。

這就是現代社會的人的狀態。這就是被冠以「文明發達社會」背面的人的真實狀態。

根據這樣的狀態，我們究竟該說人類是在「進步」呢，還是在「退化」，或者像米歇爾·福柯 (Michel Foucault, 1926-1984) 那樣聲稱——人類已經死亡？

與此相應的，文化也呈現了同樣的變化和問題。現代經濟、現代科技、現代交通手段、現代傳播媒介、現代生活設施……所有被稱為現代化的一切，都已打破了地域的民族的以及文化的界限。整個世界都被捲進了工業化或現代化的洪流之中。

文化漸漸失去了自身深埋於血緣和土地之中那種神秘的、象徵的和靈魂的獨特意蘊，而成了不同國家和民族的代名詞。一說起某某文化，人們便會有一種談論遠古時代的感覺。文化好像已成了考古學和人類學的專有名詞，而與現代社會毫不相關了。

整個地球實際上已成了一個「世界城市」，國際事物幾乎都操縱在幾個大國集團的手裏。隨著共產主義陣營的徹底解體，可以想見，世界會進一步完成其一體化的過程。人們失去了自己的文化之根，強行被拋入沒有差別的現代化或物質化的世界之中。世界成了一片沒有差別的人口的汪洋，連一葉孤陋的小島也不復存在，只是反覆呈現著一樣的浪花，一樣的平靜和一樣的狂嘯……。

這就是文化「進步」或「進化」的輝煌成果和光明前途，還是史賓格勒所預言的文化的「沒落」？

可見，凡是發生在當今世界中的各種問題，特別是有關人與文化存在狀態的那些問題，都仍然沒有超出史賓格勒當年沉思、憂慮和困惑的範圍。也就是說，史賓格勒當年所擔憂的那些問題，並沒有為所謂「文化的進化」過程所否定和克服，而相反表現得更為明顯、更為尖銳了。

史賓格勒之後，哲學家們、文學家或其他許多對人類狀態深表關注的人們，也一直沒有停止過對這些問題的追索和求解：從

海德格爾與卡夫卡 (Julius Kafka, 1883-1924)，到卡繆 (Albert Camus, 1913-1960) 與沙特，再到福柯與德雷達(J. Derrida, 1930-?)……但是，他們也只是在更深刻的層面揭示了人類狀態和文化危機的嚴重性和真實性，而未能給予確定的和可行的答案。他們的研究最終實際上也只是自覺或不自覺地重覆著史賓格勒有關文化沒落和文化死亡的預言罷了。

我不知道讀者會對這些問題作何感想。我更不知道該如何回答這些問題。

作為人類的成員，我們當然不願意放棄對於自身前途的期待和信念，我們當然不願意麻木或沮喪地等待死亡的來臨。但是，作為人類的成員，我們更不能對人類狀態的惡化和文化危機的加深採取視而不見的態度，而盲目地執著於抽象的人類理想和幼稚的樂觀主義。

也許我們應該深思、深思、再深思，不要在經濟繁榮或科技發達的表象面前而對自身狀態和價值的危機毫無自覺。正像所有對現實的危機特別敏感的心靈不能指出的那樣，我們——人類正在走向深淵。也許，惟有使更多的人、更多的心靈，來一同參加這嚴峻而深沉的反思，通過反思而尋求真正擺脫危機和改變人性現狀的合理通道。

我絕不認為，史賓格勒的著作會提供任何改善或完善人類文化的現成答案。但是我堅持認為，史賓格勒為我們豎立了研究和正視人類自身狀態的榜樣，他的著作和思想，卻會幫助我們去反思、去追尋、去走出深淵。

最後，我還是想提醒一句，史賓格勒和他的時代雖然已經過去，但是「西方的沒落」、或「文化的衰弱」、或「……的死

亡」， 所有這些嚇人的可能性 依然存在。 史賓格勒 曾預斷公元 2200 年將是西方文化的末日， 我們也依然拿不出 眞正有力的證據，來證明這個預言的荒謬性。

史賓格勒年表

1880　5月29日，史賓格勒出生於德國白朗肯堡。

1904　獲哈雷大學博士學位。

1908　在漢堡一高中教授大學預科課程。

1910　母親逝世，史賓格勒繼承了一筆數量不大的遺產。

1911　放棄教學生涯；遷居慕尼黑；並開始寫作《西方的沒落》。

1918　《西方的沒落》上卷出版問世。

1919　《西方的沒落》轟動整個德語世界，被稱爲「史賓格勒年」。同年又發表政論性著作《普魯士精神與社會主義》。

1922　《西方的沒落》下卷問世，並出版了上卷修訂版。

1924　史賓格勒開始四出作政治性講演；並訪問了瑞士、芬蘭、西班牙、意大利等歐洲諸國。

1925　退出政治舞臺；繼續從事學術研究。

1927　開始爲疾病所擾，健康狀況日益惡化。

1933　出版《決定性的時刻》；納粹黨開始禁售史賓格勒的著作。

1935　全面轉入形而上學及前歷史階段的研究，並陸續發表零星研究文章。

1936　5月14日，因心臟病突發死於慕尼黑家中。

參 考 書 目

1. 《西方的沒落》，史賓格勒著。*The Decline of the West*; Vol. I: Form and Actuality; Vol. II: Perspectives of World-History (Knopf, New York, 1926 and 1928).

2. 《西方的沒落》，史賓格勒著，陳曉林譯，遠流出版公司，1986年版。

3. 《人與技術》，史賓格勒著。*Man and Technics*: *A Contribution to a Philosophy of Life* (Knopf, New York, 1932).

4. 《決定性的時刻》，史賓格勒著。*The Hour of Decision*, (Knopf, New York, 1934).

5. 《史賓格勒論文選編》*Selected Essays* (Henry Regnery Company, Chicago, Illinois, 1967).

6. 黃萬盛主編，《危機與選擇》，上海文藝出版社，1987年版。

7. R. G. Collingwood, "Oswald Spengler and the Theory of Historcal Cycles," *Antiquity*: *a Quarterly Review of Archaeology*, I, September 1927, pp. 311-325.

8. Pitirim A. Sorokin, *Social Philosophies of an Age of Crisis* (The Beacon Press, Boston, 1950).

9. E. H. Goddard and P. A. Gibbons, *Civilization or Civilizations*: *An Essay on the Spenglerian Philosophy of History* (Boni and Liveright, New York, 1926).

10. H. Stuart Hughes, *Oswald Spengler*; *A Critical Estimate* (Scribners, New York, 1952).

11. Bruce Mazlish, *The Riddle of History; The Great Speculators from Vico to Freud* (Harper and Row, New York, 1966).

12. John F. Fennelly, *Twilight of the Evening Lands; Oswald Spengler—A Half Century Later* (The Brookdale Press, New York, 1972).

13. 托馬斯‧哈定等著，《文化與進化》，浙江人民出版社，1987年版。

索　引

世界哲學家叢書 (一)

書　　　　名	作　　者	出版狀況
孟　　　　子	黃俊傑	撰稿中
老　　　　子	劉笑敢	撰稿中
莊　　　　子	吳光明	已出版
墨　　　　子	王讚源	撰稿中
淮　南　　子	李　增	撰稿中
賈　　　　誼	沈秋雄	撰稿中
董　仲　　舒	韋政通	已出版
揚　　　　雄	陳福濱	撰稿中
王　　　　充	林麗雪	排印中
王　　　　弼	林麗眞	已出版
嵇　　　　康	莊萬壽	撰稿中
劉　　　　勰	劉綱紀	已出版
周　敦　　頤	陳郁夫	已出版
邵　　　　雍	趙玲玲	撰稿中
張　　　　載	黃秀璣	已出版
李　　　　覯	謝善元	已出版
王　安　　石	王明蓀	撰稿中
程顥、程頤	李日章	已出版
朱　　　　熹	陳榮捷	已出版
陸　象　　山	曾春海	已出版
陳　白　　沙	姜允明	撰稿中
王　陽　　明	秦家懿	已出版
方　以　　智	劉君燦	已出版
朱　舜　　水	張立文	撰稿中
眞　德　　秀	朱榮貴	撰稿中

世界哲學家叢書 (二)

書　　　　名	作　　　者	出版狀況
劉　　蕺　　山	張　永　儁	撰　稿　中
黃　　宗　　羲	盧　建　榮	撰　稿　中
顏　　　　元	楊　慧　傑	撰　稿　中
戴　　　　震	張　立　文	已　出　版
竺　　道　　生	陳　沛　然	已　出　版
眞　　　　諦	孫　富　支	撰　稿　中
慧　　　　遠	區　結　成	已　出　版
僧　　　　肇	李　潤　生	已　出　版
智　　　　顗	霍　韜　晦	撰　稿　中
吉　　　　藏	楊　惠　南	已　出　版
玄　　　　奘	馬　少　雄	撰　稿　中
法　　　　藏	方　立　天	排　印　中
惠　　　　能	楊　惠　南	撰　稿　中
澄　　　　觀	方　立　天	撰　稿　中
宗　　　　密	冉　雲　華	已　出　版
永　明　延　壽	冉　雲　華	撰　稿　中
知　　　　禮	釋　慧　嶽	撰　稿　中
大　慧　宗　杲	林　義　正	撰　稿　中
世　　　　親	釋　依　昱	撰　稿　中
株　　　　宏	于　君　方	撰　稿　中
章　　太　　炎	姜　義　華	已　出　版
熊　　十　　力	景　海　峰	排　印　中
馮　　友　　蘭	殷　　　鼎	排　印　中
唐　　君　　毅	劉　國　強	撰　稿　中
龍　　　　樹	萬　金　川	撰　稿　中

世界哲學家叢書 (三)

書　　　　名	作　者	出版狀況
元　　　　曉	李箕永	撰稿中
休　　　　靜	金煐泰	撰稿中
知　　　　訥	韓基斗	撰稿中
道　　　　元	傅偉勳	撰稿中
李　栗　谷	宋錫球	撰稿中
李　退　溪	尹絲淳	撰稿中
伊藤仁齋	田原剛	撰稿中
山鹿素行	劉梅琴	已出版
山崎闇齋	岡田武彥	已出版
三宅尙齋	海老田輝巳	撰稿中
中江藤樹	木村光德	撰稿中
貝原益軒	岡田武彥	已出版
荻生徂萊	劉梅琴	撰稿中
富永仲基	陶德民	撰稿中
楠本端山	岡田武彥	排印中
吉田松陰	山口宗之	已出版
西田幾多郎	廖仁義	撰稿中
柏　拉　圖	傅佩榮	撰稿中
亞里斯多德	曾仰如	已出版
聖奧古斯丁	黃維潤	撰稿中
聖多瑪斯	黃美貞	撰稿中
笛　卡　兒	孫振青	已出版
斯賓諾莎	洪漢鼎	撰稿中
洛　　　　克	謝啟武	撰稿中
巴　克　萊	蔡信安	撰稿中

世界哲學家叢書 (四)

書　　　　名	作　　者	出版狀況
休　　　　謨	李　瑞　全	撰　稿　中
盧　　　　梭	江　金　太	撰　稿　中
康　　　　德	關　子　尹	撰　稿　中
費　　希　　特	洪　漢　鼎	撰　稿　中
黑　　格　　爾	徐　文　瑞	撰　稿　中
祁　　克　　果	陳　俊　輝	已　出　版
約　翰　彌　爾	張　明　貴	已　出　版
馬　　克　　思	許　國　賢	撰　稿　中
狄　　爾　　泰	張　旺　山	已　出　版
韋　　　　伯	陳　忠　信	撰　稿　中
卡　　西　　勒	江　日　新	撰　稿　中
雅　　斯　　培	黃　　藿	撰　稿　中
胡　　塞　　爾	蔡　美　麗	已　出　版
馬克斯・謝勒	江　日　新	已　出　版
海　　德　　格	項　退　結	已　出　版
高　　達　　美	張　思　明	撰　稿　中
漢　娜　鄂　蘭	蔡　英　文	撰　稿　中
盧　　卡　　契	錢　永　祥	撰　稿　中
哈　伯　馬　斯	李　英　明	已　出　版
馬　　利　　丹	楊　世　雄	撰　稿　中
馬　　塞　　爾	陸　達　誠	撰　稿　中
梅露・彭廸	岑　溢　成	撰　稿　中
德　　希　　達	張　正　平	撰　稿　中
呂　　格　　爾	沈　清　松	撰　稿　中
懷　　德　　黑	陳　奎　德	撰　稿　中

世界哲學家叢書 (五)

書　　　　名	作　　者	出 版 狀 況
卡　　納　　普	林　正　弘	撰　稿　中
卡　爾　巴　柏	莊　文　瑞	撰　稿　中
柯　　靈　　烏	陳　明　福	撰　稿　中
穆　　　　爾	楊　樹　同	撰　稿　中
維　根　斯　坦	范　光　棣	撰　稿　中
奧　　斯　　汀	劉　福　增	撰　稿　中
史　　陶　　生	謝　仲　明	撰　稿　中
赫　　　　爾	馮　耀　明	撰　稿　中
帕　爾　費　特	戴　　華	撰　稿　中
魯　　一　　士	黃　秀　璣	撰　稿　中
珀　　爾　　斯	朱　建　民	撰　稿　中
詹　　姆　　斯	朱　建　民	撰　稿　中
杜　　　　威	李　常　井	撰　稿　中
史　賓　格　勒	商　戈　令	已　出　版
奎　　　　英	成　中　英	撰　稿　中
洛　　爾　　斯	石　元　康	已　出　版
諾　　錫　　克	石　元　康	撰　稿　中
希　　　　克	劉　若　韶	撰　稿　中